# 実話蒐録集
# 魔黒怪談

黒 史郎



竹書房文庫

# 目次

# おにいちゃん！

八年前のことだという。

黒野さんは寝ているところを突然、誰かに揺すり起こされた。

はじめは寝ぼけていて状況がわからなかった。しかしすぐに、一人暮らしの自分を誰が起こしたのかと怖くなった。

目を開けて周囲の様子をうかがい、そろそろと身体を起こして電気の紐を引く。

怪しい人影も、人がいた形跡もない。人が隠れる場所もなかった。

夢でも見たのかとテーブルの上の置き時計を見て、我が目を疑った。

時刻は二十三時になっていた。

記憶を辿り、時間を計算し、携帯電話の日付を見て、「ええ?」「なんで?」を繰り返す。

ベッドに入ったのは深夜の二時過ぎだったはずだ。つまり、自分は二十時間以上眠っていたことになる。

寝過ごしたどころではない。仕事も無断欠勤してしまった。

しかし、なぜだろう。携帯電話に会社からの不在着信が何十件ときていてもおかしくないのに、一件もきていない。

とりあえず賑やかな音と情報が欲しくなり、リモコンでテレビをつける。

ところが、どのチャンネルも放送終了のカラーバーの画面になる。十二時前に放送が終了することなんてあるのだろうか。

頭の中を整理しようと、部屋の中をうろうろしだした。

しばらくそうしていると、冷蔵庫のドアが僅かに開いていることに気づいた。薄暗いキッチンで、黄色い明かりを外に漏らしている。

いつから開いてたんだろう。電気代は大丈夫かな。

そんな心配をしていると、ふと視線が冷蔵庫の上に行く。

出かけた声を呑み込む。

冷蔵庫と天井のあいだに溜まる闇の中、でろんと腕が垂れ下がっている。

使い物にならないくらい、ぼろぼろの腕だった。

あちこちに内出血のような黒いあとがあり、脱ぎかけのゴム手袋のように指先が潰れて反り返っている。

そんな腕が蛇のように鎌首をもたげ、黒野さんに触れたそうに手を広げる。

すぐに逃げたり大声を上げたりすれば、その手が何かをしてくる気がした。黒野さんは腕からゆっくり視線を外し、気づかぬふりをしながら冷蔵庫のドアを閉めた。

目を離す一瞬、手が何かを握りしめているように見えたが、もうそちらを見ることもなく、そっと布団に戻って朝まで震えていた。

外がだいぶ明るくなってから冷蔵庫の上を見ると、腕は消えていた。

携帯電話やテレビで確認すると、就寝した翌日の日付に戻っている。仕事は無断欠勤していなかった。

昨晩体験したことは、すべて悪い夢だったのだ。

ホッとしたのも束の間、実家から連絡があった。

妹夫婦の乗った車が、今朝がた事故を起こしたという。

妹も旦那も幸い命に別状はなかったが、妹は右腕を切断する大怪我をした。

あの時——自分に触れたそうにしていた、あの時。

何かをしてあげていれば、妹は腕を失わずに済んだのかもしれない。

黒野さんは今でも、そのことを考えてたびたび自己嫌悪に陥るそうだ。

# クイズ番組

二年前のことだという。

あるテレビ番組の一コーナーで、日本各地の名産を当てるというクイズをやっていた。

それほど難問ではなかったので、船戸さんは奥さんと二人で調子よく正解を言い当てていった。

「そういえばさ、ここの海水浴場、すごかったよね」

ある県の有名な海水浴場の映像を見ながら、奥さんがぼんやりといった。

船戸さんは「ん？」となった。その場所には奥さんとどころか、自分も行ったことがない。

さては、昔の男と行ったのをかん違いしているな。

面白いので、「ああ、そんなこともあったっけ」ととぼけ、泳がせてみることにした。

「わたし、一生忘れないと思う」

「ああ、一生忘れないだろうなあ」

「たまに夢に見るもの、今でも」

「俺も俺も。なんなら昨日も見たかも」

いつ、気がついて顔色が変わるか。笑いをこらえながらとぼけ続けた。

「今も目に焼き付いてるよ。結局、何人があがったんだっけ？」

「ん？　あがった？」

「死体よ」

えっ、と奥さんを見た。

「なんだよ、死体って」

「ここの海水浴場、すごかったじゃない」

水死体がすごかったじゃない。

奥さんは真顔で船戸さんを見つめてくる。

もしかして、自分のほうが担がれているのか。そういうことなら負けてはいられない。

「ああ、すごかったな、どんどん打ちあがってたな」

そうよねぇ、と奥さんはスッと立ちあがり、窓に向いて合掌をはじめた。

「――なあ、もういいって」

「あんたもこっちきてやんなよ、ほら」

「おい、そういう悪ふざけやめろって」

船戸さんが怒鳴ると、奥さんはストンとその場に座り込んだ。キョトンとした顔で船戸さんを見ている。

「あれ、わたし今、なにしてたっけ?」

奥さんは海水浴場のあたりから、会話の記憶がまったくなかった。

その海水浴場にも一度も行ったことがなかったらしい。

この後、奥さんは数時間、足の痺れをうったえ続けていたという。

# ちぐはぐ

ユカリさんはある時期から、実家で奇妙なものを見かけるようになった。

母親と一緒に台所で夕飯を作っていると、それは硝子《ガラス》戸の向こうをスウッと横切る。

赤ん坊の頭だという。

大人の背の高さの位置を、右から左に移動する。首より下は暗いので、身体があるのかないのかわからない。硝子戸の向こうは家の廊下であるという。

「一瞬じゃなくて、かなりゆっくりと横切るんでじっくり見られるんです。でも、親にはまったく見えていないみたいで」

それがある頃から、ピタリと現れなくなった。

ママのところへ帰ったのかな、とユカリさんはほっとしたという。

その後、実家に美濃《みの》という女性が訪ねてきたことがあった。

両親の古い知り合いだが、年齢は両親も知らない。聞いたことがないという。会話の内容や服のセンスなどから見ると、おそらく四十代半ば。背は高く、腕や胸の肉付きがよいので女レスラーのようなたくましい体躯《たいく》である。

そのくせ、顔はびっくりするぐらいの童顔で、ベビーフェイスというが本物の赤ん坊の首を身体に載せたような容姿だった。

そのちぐはぐさは見ているだけで言い表しようのない不安を誘い、ユカリさんはどうも彼女を快くは歓待できなかった。

おまけに風呂に入っていないのか、近づくと汗の酸っぱい臭いがするので、食事時は泣きたくなるほどひどく憂鬱な気持ちにさせられたという。

そんな美濃が数日、ユカリさんの実家に泊まることになった。

どうしてそういうことになったのか、両親に聞いても言葉を濁される。どうも、あの女に弱みを握られているような感じだった。

滞在中、美濃は何をするでもなく、家でゴロゴロとし、大量の飯を食らい、風呂を垢だらけにして、なぜか家中の洋服ダンスや収納箱を開けて回って覗いていた。

はじめは二、三日という話だったが、四日、五日経っても帰る素振りも見せない。

ある時、自分の部屋のクローゼットの中まで見られたことを知って腹を立てたユカリさんは、美濃には早く出ていってもらってと両親に大抗議をした。

すると両親から何らかの話を聞かされたのか、美濃がユカリさんの部屋を訪ねてきた。

「ごめんなさいね。そんなつもりじゃないの。もう今夜には帰るから、ゆるしてね」

どんなつもりかは知らないが、その言葉どおり、美濃は夜のうちに出ていった。

両親に改めて、美濃はどういう人物なのかと問うと、質問の答えではなく、もう二度と来ないはずだから安心しろと言われた。


それから幾日か経った夕食時。

台所の硝子戸の向こうを、赤ん坊の頭が横切るのを見た。

それを見ながら、ふと考えたのだそうだ。

あれは本当に赤ん坊なのか、と。

この頃から家中の扉や引き出しが、誰も手を付けていないのに開いていることが増えたのだという。

# 大名行列

斎藤さんには娘と息子がいて、どちらももう成人している。

これは二人がまだ小学校低学年の頃のことだという。


ある日の夕食前、娘がこんなことを話しだした。

「今日ね、えらそうな人みたー」

「へえ、どんなふうに偉そうな人？」

斎藤さんが聞くと、息子のほうが「どうどうとしてた」と答える。

堂々の意味をわかっているのかなと苦笑し、「じゃあ、一緒に見たんだ」と聞くと
二人で頷いた。

「いっぱいいたよ」

「すっごいいいた」

「えー、一人じゃないんだ？　何人いたのかな」

いっぱい、と揃った声が返ってきた。

受け取ったキーワードだけでは、二人が何を見たのか皆目見当がつかない。

「じゃあさ、その人たちってなんだと思う？」

質問の意味がわからないのか二人に首を傾げられたので、

「なんのお仕事してる人だと思う？」と質問を変える。

すると、二人は真剣な表情で唸りだすが、ずっと唸り続けるだけで待っても出てきそうもない。じゃあどんなカッコしてたか描いてよと、そのへんにある紙とペンを双方に渡した。

今度は二人とも真剣な顔で紙にペンを走らせる。

娘が描いていたのは、袖が広い着物を着たお殿様っぽい人と三角頭の人たち。息子のほうも着物を着た人と笠のようなものを頭に載せた人たちを描いていた。

まだ描いている途中だったが、斎藤さんはキッチンで洗い物をしている奥さんを呼んで、二人の絵を見てもらった。

「これ、どっちも大名行列だよな？」

いまいちピンとこないのか、奥さんはウーンと眉間《みけん》に皺《しわ》を寄せる。

何か違う気がするという。

「いや絶対そうだよ。だってそのまんまじゃん。駅前でイベントでもあったのかな？」

「さあ、そんな話は聞かないけど、あったかもね。でも」

この絵は大名行列ではないでしょ、という。

娘のお殿様っぽい絵を指し、大名行列ならこんな偉そうな人に外は歩かせない、ちゃんと籠に乗せて運ぶものだという。

すると二人とも、今度はせっかく描いた人たちを黒く塗りつぶしはじめた。

なんで消しちゃうのと訊くと、みんな真っ黒だったからと娘が答えた。

「えー、それじゃ、お葬式になっちゃうよ」

リビングにかりかりと塗りつぶす音だけが響く。

あれ。

ほんとにそうなのか。

ありえなくはない。近くであった葬儀をたまたま子供たちが見たのかもしれない。だとしたら、こんな話をするのは縁起のよいことではない。子供たちに葬列の絵なんて描かせてはいけなかった。

「二人とも、この人たちをどこで見たの？」

顔を上げた二人は、同時にベランダを指さした。

斎藤さんの自宅はマンションの九階である。

# 逢引

井野さんは五年以上前からボランティアで、自分の住む町の公園でゴミ拾いをしている。

「近所のおばちゃんのすすめでやってみたんですが、思いのほか人との交流が楽しくって。月に二度ですけど、今もずっと続けてます」

きれいになった公園を見ると心も洗われたみたいにすっきりし、また次回も頑張ろうと思えるのだが、回収されたゴミを見ると煙草の吸い殻があまりに多く、その点は毎回うんざりするそうだ。

とくにその年は煙草の吸い殻が多く、回収されたゴミの大半がそうだった。犬のフンの注意書きみたいに貼りだしておこうかという話になったが、ボランティア歴のいちばん長い男性が「そんなことしても無駄だよ」という。

ここ半年、夕方になるとホームレスの爺さんが来て、この公園で煙草をぷかぷか吸っていくのだという。見ていると吸うペースと数が異常で、爺さんが去った後を見るとベンチの周りはすごいことになっている。これを毎日やられるのだから、公園がきれいになるわけがない。

「煙草だって安くないのに、どこにそんな金があるのかね」

その爺さんがポイ捨てをやめてくれるだけで随分とマシになるのではないか。きつく説教でもして止めさせればいいのではと誰かが提言すると、そんなことはもう何十回もやっているという。

何十回言っても、酔っているのか眠いのか、いつもふらふらとしていて、聞いているのかいないのかもわからない。結果、また来て吸いまくって捨てるので、ぜんぜん聞いていないということだ。

「ぼくがいってやりますよ」

グループでいちばん若い野本という男性がやる気を見せた。

「だって子供の遊び場でしょ、ここは。いい年した爺さんがなにしてんだって説教くれてやりますよ」

彼こそ止めても聞かない様子なので、暴力は絶対になしでという約束で任せることになった。


その日の夕方、野本のやる気が心配になった井野さんは、買い物ついでに公園へ行ってみた。

公園に着く数メートル前から野本の大声が聞こえてきたので急いで向かうと、彼はベンチに座っているニット帽をかぶった老人と向かい合って、身振り手振りで必死に何かを説明していた。

「ああ、井野さん、いいところに。まいりました、ギブっす」

彼は怒鳴っていたわけではなく、爺さんの耳が遠いので大声で説明していたらしい。話に聞いていたように爺さんはふらふらとしていて、頷いているのか揺れているのかわからない。野本が頑張って伝えていることにも反応がないに等しい。

井野さんは爺さんの前にしゃがんで、視線を合わせる。

「おじいさん、携帯灰皿いらない？　あるでしょ、こんなちっちゃいの。それ使ったらうるさくいわれないから。ね？　すぐそこのコンビニで買ってくるから」

「それじゃだめだ」

初めてホームレスの爺さんが口を開いた。砂を飲んだような声だった。

「おれぁ天涯孤独だ。家族も、友達もいねえ。ずっと一人だ」

「それはつらいよね。うん、いいよいいよ、公園には来ても。でも、煙草を捨てるのはだめだよ。吸っちゃダメっていうんじゃないよ？　灰皿に捨ててってこと」

それじゃだめだ、と首を横に振る。

しばらく説得してみたが同じことしか返さなくなったので、井野さんは諦めて野本を連れ帰った。


それからひと月くらい経った頃。

終電で仕事から帰った井野さんは、例の公園のそばを通りかかった。

ベンチに座る二人の姿がある。一人はあのホームレスの爺さんだった。

その隣には、ぼさぼさ頭の女性が座っている。

——なんだ、天涯孤独とかいって、しっかり彼女がいるじゃないか。

二人の足元では、捨てたばかりの煙草だろう、白く細い煙がひょろひょろと昇っている。

困ったものだと腰に手を当てて見ていると、爺さんはベンチを立ってふらふらと一人で公園を出ていった。

彼女を置いて行くなんて、喧嘩でもしたんだろうかと見ていると、ひとり残された女の人は、じわじわとベンチに染み込むように消えた。

何が起きたのかと近づくと、まだベンチの背もたれに女の顔が残っていて、それが井野さんを見たので、何度も転びそうになりながら公園を走り出たという。

# 三味線

三年前の夏、大野さんが自宅で夜食のカップラーメンをすすっていると、軽快な三味線の音が聞こえてきた。

練習っぽさのない本格的な演奏で、素人の耳でもかなりの腕前だとわかる。

（いい趣味を持ってるヤツが住んでるな）

学生しか住んでいないワンルームマンションである。自分と同じ年頃の者がこれを弾いているのだと思うと、スマホのゲームとパチンコしか趣味のない自分が情けなくなった。

それにしても、力強い弾きっぷりだった。

騒音を出した出さないで事件や裁判沙汰になる物騒な時代である。夜間に苦情も気にせず、よくぞここまで堂々と弾けるものだと感心した。それくらい、躊躇《ちゅうちょ》のない演奏だった。

（これで和服の似合う美人が弾いてたら最高なんだけどな）

見えない弾き手の姿に想像を膨《ふく》らませていると、今度は歌声が聞こえてきた。

女性ではあったが、残念ながら若い声ではなかった。自分の母親と同じか、少し年上くらいだという。

期待ははずれてしまったが、本人は気持ちよく歌っているようなので、聞いていて悪い感じはしない。なんなら、もっと聞いていたい。

この見えない弾き手と歌い手たちを応援する気持ちになった大野さんは、どうか他の部屋から苦情が来ませんようにと、心の中で祈ってあげていた。

三十分ほど聞いていて、気づいたことがあった。

途中で、歌声が変わるのである。

といっても微妙な違いなのでよく聞いていないと気づかないが、歌い手は一人ではなく、どうも最低でも五、六人が交代で歌っているようであった。声と歌い方のクセが僅かにだが違っていたのだという。

演奏はこのマンションのどこかの部屋で行われていることは間違いない。しかし、この建物は全室ワンルーム、それだけの人を詰め込んで演奏会などできるものだろうか。どうでもいいことなのだが、妙に気になってしまう。ミステリアスな状況を妄想し、少しだけわくわくしていた。

外に出て聞いてみたら、だいたいどの部屋から聞こえるのかわからないだろうか。ベランダに出てみようとそちらに向くと、窓が三分の一ほど開いている。

そこから網戸越しに、顔が覗き込んでいた。

大野さんは大声をあげ、その場に激しく尻餅をついた。

「え、おかあさん?」

覗いていたのは、大野さんの母親だった。

そんなわけがない。母親は今、東京から新幹線で三時間近くかかる実家にいるはずだ。こんな時間にマンションのベランダから室内を覗くはずがない。

恐怖より、母親のことが心配になった。

ベランダに向かって「おかあさん」と何度も呼びかけた。ベランダにいる母親は、何も反応をしない。何度も呼びかけているうちに母親の命が絶望的なような気がして、わんわんと泣きじゃくった。

気づくとベランダに母親はいなくなっており、三味線と歌も聞こえなくなっていた。


翌朝、実家に電話を入れると元気な母親が出た。

「大丈夫？　身体壊してない？」としつこく聞いてくる大野さんを逆に心配し、心身を気遣われたという。

昨夜のことを話すと、そういえばそんな夢を見た気がするといわれたそうである。

それから廊下で他の部屋の住人と顔を合わすと、例の三味線の演奏会のことを訊ねてみたのだが、あの演奏と歌声を聞いたという者はいなかったという。

# 親人形

かなり昔のことなので、もしかしたら夢、想像、記憶違いかもしれない。

そんな前置きの付く過去の話を私はいくつも聞いてきた。自分が見て体験したことの記憶が時間の経過によって摩耗されてしまい、実際に体験したことなのか自信が持てなくなるのである。

とくに怪談にはそういうことが多く発生する。あまりに現実離れしている体験だと、そんなことがあるはずがないと自身の記憶への疑いを強くしてしまう。

イラストレーターの夏子さんは、つい最近まで自身が持つ幼少期の記憶を疑っていた。

「あの日、父親が仕事から早く帰ってきたんです」

姉たちも学校から帰っていたから、たぶん、四時ごろのはずだという。

なかなか、靴を脱がないで玄関に無言で立っている父親に、夏子さんは「どうして今日は早いの？」と理由を聞いた。すると、怒った口調で「あっちへいってなさい」といわれたという。

そのあと、両親はリビングで、とても深刻そうな顔で深刻そうな話をはじめた。怖い雰囲気だったので、夏子さんは二人の姉と隣の部屋で遊んでいた。

姉たちは襖を少し開いて隣の様子をたびたび覗いていたが、どんな状況なのかは夏子さんに教えてくれない。二人でひそひそと話している。かと思うと突然、「色チョコ食べたい」といって、夏子さんを置いて外へ買いにいってしまった。

「マーブルチョコのことです。みんなの大好物でした」

色チョコを食べられるのは楽しみだったが、買いに行くなら一緒に連れていってほしかった。一人、部屋で待たされて、夏子さんは不安になっていったのである。

隣の部屋からは両親たちのぼそぼそと話す陰気な声が聞こえていたが、気がつくとそれも聞こえなくなっていた。

どんどん陽が落ちて、家の中が薄暗くなっていく。

二人の姉は色チョコを買いに行ったまま帰ってこない。駄菓子屋はそんなに遠くないのに遅すぎる。自分のことを忘れて、どこかへ遊びに行ってしまったんじゃないだろうか。

あんまり静かなので、この家にいるのは自分一人だけのような気がして怖くなり、姉たちがしていたように襖を少しだけ開いて、両親たちのいる隣の部屋を覗いた。

両親はテーブルを挟んで、向かい合って座っていた。

ホッとした。でも、様子が変だ。

二人とも、まったく喋らない。

無言のまま向き合って、身動き一つしないのである。

喧嘩をしているのかなと、父親の顔をうかがう。

違う。

違う。パパじゃない。

座っているのは父親ではなく、父親に似せている何かだった。

顔は父親なのだが、顔の形があるだけで、肌も、目も、唇も白一色だった。鼻の穴は小指で突いたほどの浅い窪《くぼ》みしかなく、口も唇の形たちはしているが閉じた形のまま開かない。

母親の顔も同じだった。

二人の顔はまるで、型を取って作った未着色の人形のようだった。

この記憶はわりとすぐ、夏子さんの中では夢だったということで片付けられた。

それから二十数年間、思い出すこともなかったが、今から一年前、二人の姉と久しぶりに会って外食をしに行った時、誰から話したのか、その話題になったという。

「夏子も見てたんだ」

あの時、二人の姉が急に家を出ていったのは、両親の様子に異常を感じたからだった。姉たちは、両親が人形を置いてどこかへいってしまったのだと思い、外へ探しにいったのだという。

チョコレートを買いに行ったという夏子さんの記憶と食い違う点はあるが、あの日、三人の姉妹は、親に似た人形を見ていたのである。
夏子さんはもう、この記憶を疑ってはいないそうだ。

# 線香ヤベエ

十年ほど前の夏。

安川さんは会社の同僚の男女六人で、心霊スポットとして有名な湖に行った。

そこは数年前に死体遺棄事件があり、犠牲となった少女の幽霊が目撃されると噂されている場所だった。

「意外と女子のほうが乗り気で、そこに行こうって言いだしたのも彼女たちなんです。幽霊を見る気満々だったみたいで」

少女が目撃されるといわれる地点の周辺までは車で入れないので、どこからか歩いて向かおうということになった。数十分かけてやっと湖の近くに車を止められそうな場所を見つけたが、すでに先客がいるようで、派手な塗装の車やフルスモークのワンボックスなどが駐まっている。その時点で嫌な予感がしていた。

別の意味で緊張しながら湖畔《こはん》を目指して歩いていると、少年たちのグループがぎゃあぎゃあと騒いでいる。予想していた以上に柄の悪い連中で、爆竹をパンパン鳴らし、げらげらと下品な笑い声をあげながらロケット花火を打ちこみあっていた。真夏のヒヤリとした思い出作りにとやって来たのに、これでは台無しである。

少年たちはこちらに気づくと、「お姉さんたち遊ぼうよ」と女性たちに手を振りながら近づいてくる。面倒なので車に戻ろうということになった。

「最悪だよ」

「あいつら、霊に祟られちゃえばいいのに」

「だね、帰りに事故に遭うとか。死んじゃってていいよ」

「幽霊を見に心霊スポットに来てるオレたちも相当なバチ当たりだけどな」

そんな会話をしながら車を駐めている場所まで戻っていると、一人が急に立ち止まって座り込んでしまった。入社して一カ月の二十歳の女子で、このたび一番乗り気だった子である。先ほどまでの元気な表情はなく、額にてらてらと脂汗《あぶらあせ》を浮かせ、ウッウッと肩を震わしたかと思うと嘔吐してしまった。鼻血も出ている。

「これまずいだろ。病院行かせなくていいか？」

彼女は首を横に振り、よくあることだから少し休めば大丈夫ですと答える。それより別のスポットに行きましょうというのだが、そういうわけにもいかない。少し休んで治るような症状にも見えなかった。

興を削がれてしまったことだし、この子を家まで送ったら今日はもう解散しようという話になった。

じゃあ行こうかと座り込んでいる彼女に男二人で肩を貸したが、立たせることができない。小柄でスリムな子であったが、どういうわけか、大の男が二人がかりで引きずっていくこともできなかった。

どうしたものかと困っていると、彼女は座り込んだまま、「爪が剥げてしまう」と泣き出した。どこかに引っ掛けたのかと手を見せてもらうと、見たところ爪自体に異常はないが、爪の付け根に白っぽい粉状のものが溜まっている。

するとと今度は立ち上がって「電話をしたい」とうろうろしだす。誰かが自分の携帯電話を渡すと、受け取った携帯電話をしばらく見つめ、「違う」といって後ろに放り投げた。そしてまた「電話をしたい」というと座り込んでしまった。

そんな彼女の異常な行動に、みんなは不安な顔を見合わせた。

——これって、もしかして。

——え、でも、こんなタイミングで?

——オレたち、心霊スポットに辿り着いてもないよ?

「なーにしてんのー」

こんな時に、さっきの少年たちが向こうからダラダラと歩いてきた。

ここで下手にもめたくはない。安川さんは少年たちに、仲間の体調が悪くなったのだと事情を説明した。さすがに病人にはちょっかいをかけてこないだろうと思ったのだ。

少年たちは座り込んでいる彼女を見て、

「とりつかれちゃったんじゃない?」

そういって、一人が安川さんに線香を一束渡してきた。

「それ焚くといいかも。線香ってけっこうヤベエから」

それだけ言い残し、少年たちは去っていった。

思わぬ相手からの思わぬ親切心にほっこりとした一同だったが、微笑《ほほえ》ましくなってもいられない。まだ約一名、異常な言動を繰り返したままなのだ。

とりあえず、線香を焚いてみようかと彼女に一本持たせ、それに火をつける。

「塩も買っておこうか」「お祓いにも行っとくか」とこれからの予定を話し合っているうちに、線香が効いてきたのか、彼女の容態が少し落ち着いてきた。「線香すごいじゃん」となり、また何かがとり憑く前にと彼女を家まで送り届けた。


「オレ、気になってたんだけど」

他のメンバーを送っていく車中で、一人がボソリといいだした。

線香をくれた少年たちが去っていく時、彼らの中に小さな少女を見たという。

彼らの仲間にしては小さすぎるし、服装も子供っぽい。その子、一人だけが妙な千鳥足で歩いていたらしい。

「あ、わたしもあの子すごく気になった」

「オレもオレも。やっぱあれ、違和感あったよな」

みんな、謎の少女の姿を見ていた。

親切にしてくれた少年たちに何かが起こっていなければいいのだが。

安川さんは心から彼らの身を案じつつ、どうして自分だけが見えなかったのか、ひどく気になっていたという。

# 尾

「たぶん、もう小学生にはなっていたとおもうんですけど」

遠くて薄い、とても頼りない記憶であるという。

川北さんの母親の実家は、都会から車で何時間も離れた町の山の中にある。

そのあたりは昔、母親の実家の他に人の住んでいた建物はなく、一時間ほど山を下りるとようやく、ぽつりぽつりと民家が見えてくる、そんな寂しい場所であった。

だが川北さんは、母親の実家に行くたびに、よく子供たちと遊んだ記憶があるのだという。

いつも七、八人はいて、年は自分と同じくらい。一人だけ女の子がいた。

遊んだといっても、かくれんぼや鬼ごっこをした覚えはなく、記憶に残っているのは、その子供たちの尻からぶら下がる物を掴んだり、引っ張ったり、からかったりしたことである。

それがなんだったのかはわからない。

昔、ヤンキーがつけていたような飾りの尻尾ではなく、サイヤ人のようにヒョロっと長く、動いたりもしていたそうだ。そんなものを尻から下げているのを見て、川北さんは「うんこうんこ」と馬鹿にしながら追いかけ回したというのである。

成人してから母親の実家へ行った時、ふと、そのことを思い出したので、どこの家の子供たちだったんだろうと祖父に話したことがあった。

そりゃおかしいなと祖父がいう。

「あの頃は子供なんか山にいねぇけどな。このあたりは、こんな話があるんぞ」

昭和の中頃、山で遊んでいた子供たちが連日、枯れ井戸に落ちて死亡する事故があった。それからしばらく、その子供たちが山を走り回るといわれていたらしい。

その子たちが化けて出たんじゃないか。

祖父は笑いながらいったそうだ。

「狸とか狐とか、そんな話を期待してましたよ」

『まんが日本昔ばなし』のような話を聞けると思ったのに、大事な思い出がとんだ怪談話になったのでゲンナリしたという。

# 防音

ある年のクリスマスの数日前。たぶん、四日か五日前の夜だという。

ゆかりさんは彼氏とのドライブデート中、些細なことから大喧嘩をした。

とりあえず家まで送るという彼に捨て台詞《せりふ》を吐いて、車を降りてしまったのだという。

幸い、降りた場所は自宅までそれほど離れていなかったが、普段は使わない道なので迷わずに辿り着けるか、少々不安だった。

近道ができないかなと住宅地に入ると、そろそろクリスマスの飾りつけをしている家がぽつぽつと目立つ。チカチカとライトを点滅させている家もある。

毎年、きれいだなと思うのに、今はそんなネオンが忌々《いまいま》しい。

三十分くらい歩いていると、アメリカ映画に出てきそうな大きな三角屋根の家が現れる。門も塀もなくオープンで、大きな窓から惜しげもなく室内の様子を公開している。窓の向こうでは、とんがり帽子をかぶり、ぴかぴかの派手な仮装をした十人ほどが楽しそうに踊っている。クリスマスまでまだ数日あるのに浮かれ過ぎだ。それこそ、アメリカのダンスパーティーを見ているようだった。

こっちは彼と別れそうだっていうのに。

もやもやとした感情になりながら、気がつくと足を止めて見ていた。

すごいもんだな、と思った。あんなにはしゃいでいるのに、彼らの声や音楽がまったく聞こえない。こんな大きな家に住むくらいだから、壁も窓も防音はしっかりしているのだろうけれど、ガラスを隔てたすぐそこでこんなにはしゃぎまくっているのに、少しも音が外に漏れないというのは不思議で、少し滑稽な光景でもあった。

ほんと楽しそう。あの中に混ぜてもらえないかな。

そんなことを考えたが、すぐ我に返ってその場を去った。

その後、彼氏とは無事に仲直りをした。クリスマスも共に過ごせた。

ある日、車で家まで送ってもらう途中、例の住宅地の中を通ってもらったが、あの三角屋根の大きな家は見つけることができなかった。

家があったと思っていた場所には、ずっと昔からあるようなアパートがぼんやりと建っていたという。

# おつげ

牧野さんは五年前の就職活動中、こんな夢を見た。

中学一年生の頃まで住んでいた実家の玄関に、妹と二人でいる。

ドアの横の明かり取りの嵌《は》め込み硝子から白い光が入って、それがとても眩《まぶ》しい。

靴箱の上に、黒くて艶のない陶器でできた人の頭があり、それについて妹と二人でなにやら話をしている。その陶器はスキンヘッドで、中華風の顔をした男である。

妹が「これ、喋るんだよ」というので牧野さんは疑うのだが、

「アシタ、オワルデショウ」

突然、その陶器の頭が言葉を放つのである。

これってお告げだよね、と妹は感心したように何度もうなずく。

この夢を思い出した時は、いかにも夢らしい意味のない内容だなと思っていたが、時間が経つにつれ、とても厭な意味を孕《はら》んだ夢だったように思えてきた。

何より、あの言葉が気になるのだという。

アシタ、オワルデショウ

どうとでもとれてしまう、卑怯な台詞。夢だからこそ、必要以上に気になる言葉。

オワルって、何が終わるんだ。明日死ぬとかじゃないよな。

ただの夢でそんな馬鹿馬鹿しい想像をしてしまう自分に、もっとしっかりしろよオレ、と心の中で喝《かつ》を入れ、面接に向かったという。

この日、訪問したのは文具メーカーだった。資料などから元々好条件であることはわかっていたが、実際に見てみると会社の雰囲気もよく、面接の感触も悪くはなかった。

採用は間違いなく思えた。

だから、連絡が来る前に自分から電話をかけ、辞退を申し出た。

「今でも、その判断は正しかったとおもってます」

その判断を自ら下したのは、面接が終わってすぐだった。

帰る時に、たまたま入口ですれ違った男性社員に見覚えがあった。その社員は転校先の中学で、ずっと牧野さんのことをいじめていた男だったのである。そのことに気づいた瞬間、夢に出てきた陶器の頭の顔が、その男の顔だったのだと思いだしたのだという。

「本気で自殺を考えたくらい、ひどいいじめでしたから。本当に人生が終わるところでした」

その後、すぐに就職が決まり、それが現在勤めている会社だという。

# かんしゃく

私が小学生の頃、かんしゃく玉遊びが流行《はや》っていた。

見た目は毒々しい雛《ひな》あられみたいなもので最近はあまり見かけないが、当時は子供のお小遣いで買えたのでズボンのポケットに大量に詰め込んでいたのを覚えている。

地面に叩きつけるとパンッと乾いた破裂音がして気持ちがいいのだが、この遊びをしていると近所のガミガミオヤジが現れ、うるさいと怒鳴られたものだった。

当時、堀田さんはガミガミオヤジだった。

外からあのパンッパンッと音が聞こえると、台所の窓を勢いよく開けて顔を出し、「ゲンコツやるぞ！」と怒鳴る。

すると少しのあいだは静かになるのだが、また三十分もすれば、パンッパンッとはじまる。だからまた窓から顔を出し、「ゲンコツやるぞ！」と怒鳴る。この繰り返しである。

いってもきかないのはわかっているし、実際にゲンコツをやったこともないのだが、あの頃は自分のようなウルサイ大人が必要だと思っていた。それに堀田さん自身が面白がって怒っていた節もあるという。

「生き甲斐とまではいわないけど、張り合いはあったよ」

それがある時期から、かんしゃく玉の音を聞かなくなった。それに変わる遊びを見つけたのだろうと安心しつつも、なんだか少しだけ寂しい気持ちになったそうだ。

ある晩、パンッパンッと外から聞こえてきた。

久しぶりに聞く音に少し心が弾んだが、時刻は九時を過ぎている。この時間のかんしゃく玉遊びは頂けない。大人として叱らねばならない。

かといってこんな時間に怒鳴るわけにもいかない。とりあえず、勢いよくドアを開けて、怖い顔を作って外へ出てみた。

外には子供どころか人の姿がまったくない。濡れて黒く光る道路が右と左に続いているだけだった。

雨でも降ったのかな。それにしても逃げ足の速いヤツめ。

探すのは諦めて家へ戻ろうとすると、すぐ後ろでパンッと鳴った。

驚いて振り返ると、真っ白な顔色の子供が道路の真ん中にいる。

「おい！」と怒鳴ってから、「んん？」と目を凝らす。

灰っぽい青色の眼、金髪。どう見ても外国の子だ。西欧系の整った顔をしており、女の子みたいな男の子なのか、男の子っぽい恰好の女の子なのかわからない。

心電図のようなジグザグ模様が真ん中に入ったセーターを着ている。

「こんな時間になにしてんだ。親は？　あー、ことば、わかるか？」

ドォコニモイィーマセン。

そういって、笑う。

「いないことないだろ。なに笑ってんだ。あ、さっきのおまえが鳴らしたのか」

かんしゃく玉のことである。

ドォコニモイマセェーン、そういってまた笑う。

わざと日本語を下手に話しているみたいで、不快だった。

「なんかよくわかんねぇよ。もう帰れ。帰れるか？　家、ホーム」

笑っている。

意味のないその笑みに寒気をおぼえた堀田さんは「早く帰れよ」といって家に戻った。

ドアを閉めた直後、救急車のサイレン音が聞こえてきた。


数分後、堀田さんは自宅の前の道路にできた小さな人だかりの中にいた。

皆の視線を集めているのは、軽トラックの後部に頭を突っ込んでいる乗用車である。

こんな事故が家の前の道路で起きていたことに、まったく気づかなかったという。

事故の詳細を知ったのは、それから数日後。

停まっていた無人の軽トラックに乗用車が後ろから突っ込み、乗用車に乗っていた親子三人が死亡していた。

「どう考えても、あの子供と話していた時、もうすでに事故は起きていたんだよな」

死亡したのが外国人の親子であったかは調べていないそうだ。

## よかった

ユカさんの実家の周りは、ほぼ畑しかないという。

「そういう光景って、のどかでいいなっていう人もいますけど、わたしはぜんぜんそんなことはおもいませんね。だって何が埋まってるか、わかったもんじゃないですよ」

実際、ユカさんが高校生の頃に、女子大生が殺害され近所の畑に遺棄されていたという事件があった。

犯人はすぐに捕まったのだが、その事件以来、夕方六時以降は絶対に一人で出歩かないようにと親に口うるさく釘を刺されるようになった。どうしても帰りが遅くなる時は必ず前もって家に電話をし、親か兄に学校まで迎えに来てもらわなければならなかったという。

模倣犯が必ず出る、犯人は複数で他はまだ逃走中、そういう物騒な噂が町中に蔓延《まんえん》していたのも、親の警戒心に拍車をかけていたようである。

そんなある日、委員会の冊子作りで帰りが遅くなりそうなので家に電話をかけると、その時間は親も兄もすぐには迎えに行けないといわれた。なるべく早く行くから、それまで学校で待たせてもらえというので、それならいいよと、この日は一人で歩いて帰ると決めた。

冊子作りを終えて学校を出るともう、夜がかなり押し迫っていた。

校門を出たら、そこからは畑ばかりの平面世界になる。

しょぼくれた街灯が道標をつとめる、畑に挟まれた舗装道路をゆっくりとろとろと歩く。

たまにはこんなふうに一人で帰るのもいいなと夕景色を見渡すと、

――なんだろう、きれい。

右手の畑、その真ん中あたりの上方にチラチラと瞬《またた》く複数の光がある。

距離感が掴めないので大きさはわからない。ミツバチのような動きが、なんとなく可愛らしい。

足を止めて見ていると、光は動きのパターンを変えた。そして、少しずつユカさんの方へと近づいてくる――ような気がする。

急に不安をおぼえたユカさんは、用心のために距離をとりながら歩を速めた。あれがなんであれ、自分に向かってくるものには警戒した方がいい。

しばらくして振り向くと、追ってはこなかったのか、もう光はない。

ホッとしたような残念なような、そんな気持ちで歩を緩めると、

「ヨカッタ」

すぐそばで、低い女の声が聞こえた。

右手の畑の中から、傷だらけの顔の女が自分に向けて手を伸ばしていた。

ユカさんは全力で家まで走ったという。

自分の見た女は、殺された女子大生とは無関係だと思っているそうだ。

理由を訊ねると、彼女はもう身体も見つかって犯人も逮捕されたのだから、あんな何もない畑なんかにいる理由はないのだという。だから、あれは別の人ですよ、と。

「あれだけ畑があるんだし、まだまだ死体が埋まってそうですしね」

自分がそうならないようにだけ気をつけますとユカさんは笑った。

# 砂浜娘

十数年前の夏。

氷川さんは妻と二人で海辺の観光地へ旅行に行った。

泊まったホテルのすぐそばにビーチがあるのだが、これが本当に素晴らしかった。人の姿はほとんど見かけず、打ち寄せる波も穏やかで、早朝に行けばまだ誰も踏んでいない白砂に足跡を付けることができる。きれいな貝を探し、ヤドカリとたわむれ、旅の後半はほとんどこのビーチにいたという。

「こんなに素敵なビーチなのに、どうして人がいないのか不思議でなりませんでした」

最後の日の夜、眠るのが勿体なく感じた氷川さんは、夜のビーチへ行こうと妻を誘った。

ホテルは、正面玄関側はライトが下から照らして明るいが、ビーチのある裏側はまったく明かりがない。ホテルからビーチまでのあいだに小さなゴルフ場があるのだが、そこも照明がすべて消えてしまっているので真っ暗闇の中を歩くしかなかった。

波の音だけを標に向かってみたが、さすがに足元も見えないのは転びそうで怖い。

すると、前のほうで大勢の人が芝生を踏んで歩く音がしたので、ああ、この人たちもビーチへ向かっているんだと、その音についていった。

前を歩いているのは十人ではきかず、二、三十人はいるように感じた。

もしかしたら、ここのビーチは夜こそ行くべき隠れた名所なのかもしれない。

夜のビーチは、陽の下で見るビーチとはまた違った美しさがあった。

月明かりが照らしているからか砂浜が白く光っているように見え、暗さをまったく感じない。

先ほど歩いていた人たちはどこへ行ってしまったのか、姿が見えない。不思議なことだけれど、神秘的な光景の中では、それもあまり気にならなかった。

冷たい砂の感触を味わいながら波打ち際を二人で歩いていると、

「あら」

と妻が声を潜めた。
五、六メートル先に、ぼんやりとした明かりと人影がある。
一人で座っているが、さっきいた人たちの仲間だろうか。

若い女性のようだから、彼氏と喧嘩でもしたのかもしれない。

一人の時間を邪魔してはいけないと気を利かせ、大きく回り込むようにして歩いて行くと、女性は若いどころか小学生くらいの女の子だとわかる。

そのすぐそばに、小さな橙《だいだい》色の火が灯ってふらふらと揺れている。

グッと妻に腕を掴まれた。

いっちゃだめ、妻の腕の力がそう伝えていた。

「どうした?」

妻は前方の女の子のほうを凝視したまま、「おばけ、おばけ」と譫言《うわごと》のように呟きだす。

女の子のことをいっているのかと目を凝らすと、グイッと腕を引っ張られ、元来た方へと連れていかれる。

妻が何を見たのかと後ろを振り返ると、先ほどの女の子が立ち上がるところだった。女の子は胸の真ん中あたりから下がなく、かわりに短い縄のようなものが暖簾《のれん》のように何本も連なって下がっている。その周りを蠅のような動きで先ほどの火が飛び回っていた。

氷川さんは逆に妻の腕を掴んで、走ってホテルの部屋へと戻った。

妻は氷柱のような鼻汁を顎《あご》まで垂らし、口の端には白い泡を溜めていた。

「あれがすぐそばのビーチにいると思うとおそろしくて、朝まで眠れませんでした」

今思い返しても、あれが何者で何をしたかったのか、まったく見当がつかないという。

## 上に何が

「八十年代のバンドブームのど真ん中です。うちの学校では女子の方が盛り上がってましたね」

美優さんは高校生の頃に楽器のキーボードを買った。

周りが続々とバイトをはじめてギターやベースを買いだし、集まって何やらバンドらしき活動までしだしたので、美優さんもこの波に乗り遅れまいと少しだけ覚えのある楽器を選んだのである。

覚えがあるといっても小さい頃に少しだけピアノを習っていたくらいで、それほど上手く弾けるわけでもなかった。なにより一人でやっても面白くない。でも、クラスメイトを誘うのは何だか気恥ずかしい。

そんな時、近所に住む一つ年下の従妹の顔がパッと浮かんだ。彼女がギターを持っていて、かなり上手く弾けたことを思いだしたのである。

声をかけてみたら二つ返事でＯＫをもらい、さっそく次の日曜にセッションしようと家へ呼んだ。


日曜日にギターを持ってやってきた従妹は、リビングへ入るなり天井を見上げた。

「ねえ、二階って誰かいる？」

「ううん、朝から誰もいないよ。なんで？」

「あっそう。誰かいる気がしたから」

従妹は顔を下げたが、黒目はまだ上に向けられたままだった。

「え、なに？　こわいんだけど、やめてよね」

「ああ、ごめん。じゃ、もうやる？」

そういってギターをケースからごそごそと取り出す。

気のせいといいながら、チラチラと上を見て気にしている。

どうも、今日は様子が変だ。いつものカラッとした性格の従妹じゃない。表情も暗いし、声に力がない。

「ねぇ、大丈夫なの？　なんか変だよ」

「そう？　そうかな……いつもと変わらないけど」

どうも変な空気になってきたので、美優さんの好きなガールズバンドの曲を大音量で流すことにした。

美優さんも従妹も身体を前後に揺らしながら音楽にノッていたが、気づくと従妹は動きを止めて目だけが上を見ている。その黒目を上に向けた表情にはゾッとするものがあり、おもわず、「もう、なんなの！」と怒って音楽を止めてしまった。

「さっきからなに？　もういいかげんにしてよ」

「ごめん。なんか気になっちゃって」

「じゃあ、こうすれば気が済む？」

イラついた美優さんは従妹の腕を乱暴に掴むと、二階へ連れていってすべての部屋の中を見せて回った。もちろん、誰もいるはずがなかった。

「どうなの？　これですっきりしたの？」

「ごめんってば。気にしないようにするから。ほんと、ごめん」

一階に戻ってそう謝る従妹の目は、すでに上を見ていた。

その後も、気がつくと従妹は上を見ていて、大声で呼びかけると「なに？」と誤魔化しながら二階を気にし続けていた。

すっかりしらけてしまい、結局この日は一度もセッションせず、お開きとなった。

それから美優さんのほうからは連絡を取らなかった。向こうからもないまま一カ月ほど経った頃、従妹が入院したと親から聞かされた。

やっぱりそうかと思った。あの時、従妹に何らかの異常が起きていたのだ。

なんの病気かと母親に聞くと、詳しくは知らないと首を横に振られる。見舞いに行くから病院を教えてといっても迷惑になるからと教えてもらえない。「迷惑になる」の意味がわからない。

いくら聞いても埒《らち》が明かないので、叔母さんに直接聞こうと従妹の家へ行ったが、インターホンを押しても誰も出てこない。

たぶん、居留守を使われていたんだろうという。
何もわからず、従妹とも会えないまま二年が過ぎた。
ある日、ふらっと従姉の家へ行ってみると、すでに別の家族が住んでいた。
親なら引っ越し先を知っていると思ったが、聞く気にはならなかったそうだ。
「最近、写真整理してたら、うちの家の中で撮った従妹の写真が出てきたんです」
幼少の頃が一枚、中高時代が四枚。
五枚すべて、従妹の目は上を向いていたという。

# 箪笥花

マサオさんの実家にはとても古い箪笥《たんす》がある。

「ひいひいおばあちゃんの頃からあると聞いています。でもたぶん、もっと前からあったんじゃないかな」

とても立派な箪笥らしいのだが、今は物置部屋の奥にしまい込んであるという。

マサオさんはこの箪笥を早く処分して欲しいと願っているそうだ。


小学校の高学年の時の話であるという。

その頃のマサオさんは学校から帰ってくると、まっすぐ祖母の部屋へと向かった。

母親はパートをしていて夕方まで帰らないので、家には祖母しかいないのである。

「祖母は耳が遠かったんで、ただいまってわざわざ言いにいくんですよ。後はそのまま部屋でお菓子を食べたり、本を読んだりとごろごろしてました」

祖母の部屋には、いつの時代からあるのかわからないような古い調度ばかりがあり、問題の箪笥もその中にあった。

この箪笥は時々、いちばん上の抽斗《ひきだし》が半ばまで引き出された状態になっていることがあった。マサオさんはそれを見るたび、祖母が閉め忘れたんだと思っていた。

ある時、学校から帰っていつものように部屋へ行くと、祖母が布団で横になっている。どうしたのと聞くと、朝から具合が悪いのといって咳《せ》き込んだ。

具合が悪いなら出て行こうかというと別にかまわないというので、祖母の寝ている横で漫画を読みながらごろごろしていると、ふと、例の箪笥が視界に入った。

また、いちばん上の抽斗が半ばまで出ており、そこから薄紫色の花が咲いている。

なんだろうと立ち上がって近寄ってみた。

花は半透明で触ろうとすると消えてしまい、少し経つと再び見えるようになる。

また、すごく臭かった。

糞のような臭いがする。はじめは祖母が漏らしたのかと疑ったが、臭いは花からしている。

「どうして花が咲いてるの？」

マサオさんが聞くと、祖母は目をパチクリとさせる。どうも祖母には見えていないらしく、「花があるの？」「それはどんな花？」「本当に花なの？」と逆にいろいろ質問された。

それから祖母は、自分には見えていないその花のことを色々と語りだした。マサオさんには退屈な話ばかりで、半分以上聞いていなかったそうだ。

「確か、自分も子供の頃に何度かその花を見たことがあるとか、そんな話でした。大人に話しても信じてもらえなかったって」

それから数日後、祖母は亡くなる。

四十九日が過ぎると、祖母の部屋はマサオさんが使っていいということになった。

六年生の冬休みの時。

部屋でごろごろしていると、俄《にわ》かに厭な臭いがしだした。

いつかに嗅いだことのあった、糞のような臭いである。

箪笥を見ると最上段の抽斗が開いており、そこから裸の女の上半身が飛び出ている。

身体のサイズが異様に小さく、肌に硬そうな光沢があり、垂れ下がる両の乳房が全体的に灰色っぽかった。不自然なほど姿勢がピンとしてまっすぐなので、しばらくそこに人形があるのだと思ったという。

しかしそれが、ゆっくりと前のめりになって倒れようとしていたので、マサオさんはワッと声をあげると部屋から逃げ出した。

帰宅した母親と部屋へ見に行くと女の姿はすでになく、抽斗も閉まっていたという。

「しばらく箪笥は見てません。いやじゃないですか、また抽斗が開いていたら」

箪笥がずっと家にあったのは、捨てられない理由があったのではないか。

そんな気がしてならないそうだ。

# 恋のランニング

香川さんのかわいがっていた後輩が今年の二月に亡くなった。

二十四歳という若さであった。

「高校の頃からなんとなくウマが合ったんですよね。卒業してからもちょくちょく会って、近況報告会だっつって飲みに行ったりしてね」

これはそんな飲みの席から出た話であるという。

「オレ最近、シュッとしてきてるでしょ」

二人の行きつけの居酒屋で飲んでいると、後輩がそんなことをいいだした。

半年くらい前から、夜のランニングを続けているのだという。

はじめは、お腹がたるんできたのでダイエット目的で始めたらしい。でもそれがある時から〝別の目的〟のために走るようになってしまった、と後輩はいう。

「結構前、先輩に実家の引っ越し、手伝ってもらったじゃないですか。その時に通ったあそこですよ」

彼が走っているランニングコースは急勾配の多い峠道である。そこは普段から車通りがほとんどなく、山側から迫り出す木々で陰っていて日中でも異様に暗い。街灯もぽつりぽつりとしかなく、夜間はひじょうに不気味な道であった。

そのコースのもっとも急なカーブ地点に毎晩、決まって女がいるのだという。

見た目は十代後半、髪を後ろで一つにまとめ、オレンジ色のスウェットを着ている。何をするでもなく、道端でポツンと一人で座り込み、後輩が走るのをただ、じっと見ているというのである。

「おまえそれ、ぜったい幽霊だよ」

毎晩、ひと気のない峠道で一人、ただ座り込んでいるだけの女。まともな女のわけがない。

「だと思うでしょ」

後輩もはじめは幽霊かと身構えたという。

ランニング中に具合が悪くなったとか。車を降ろされて置き去りにされたのかも。近づくにつれて緊張が高まる。声をかけるべきか。でももし、あれが生きている女じゃなかったら――。

しかし、そんな不安が一変したのだという。

「これ以上ないってくらいの好みのタイプだったんです！」

後輩がいうには、あるアイドルグループのメンバーの一人にとても似ているらしい。偶然にも、彼はそのメンバーの熱烈なファンだった。

彼が毎晩走っている〝別の目的〟とは、その彼女と会うことであった。

「いくら好みっつったって、そんな得体の知れない女と会って平気かよ」

幽霊は半分以上信じていないという香川さんにも、これは出来過ぎた話に思えた。

後輩は大丈夫ですよぉと楽観していた。

「いや、これが血だらけとか貞子みたいな白いワンピース姿なら警戒しますけど、オレンジのスウェットですからね。そんなスポーティーなカラーの服、幽霊は着ませんよ」

「そんなことといってもし悪霊だったらどうすんだよ。ホラーなら完全にこれ」

とり殺される流れだぞ。

そう忠告すると後輩は満更でもない顔をして見せ、たとえ怨霊であったとしても彼女にとり殺されるのなら本望ですと、まっすぐな目で断言した。

ただ、自分から声をかけるつもりは一切ないようで、そんなことをして今の関係が壊れるほうが困るし、毎晩こうして会ってくれるだけでも感謝しているのだといった。

「なんだかんだいって彼女のおかげでダイエットも成功してますしね」

幸せそうに笑む後輩は、確かに以前から比べるととてもスリムにはなっていた。

しかし、それ以外の変化が香川さんは気になっていたという。

片方の瞼《まぶた》の上に血が溜まっているような大きな腫れものがあり、会うたびに額や顎に引きずられたようなザラザラの傷が増えている。また、殴られたように上下の前歯をきれいに失っており、歯茎で焼き鳥を噛んでいるのだという。

おそらく、走りながら何度も転んでいたのではないかと香川さんはいう。

「で、それからひと月もせず、死んじゃって」

後輩と最後に会ったのは病室へ見舞いに行った時で、ベッドの上で彼は、

「先輩、オレ、早く走りに行きたいナァ」

そういって、その日が来ることを夢見ていたそうだ。

ある意味、幸せな死に方だったのかもしれないが、香川さんはどうしても気になっていることがあった。

後輩の見た女は本当に存在するのか。何者なのか。そしてなにより、本当に某アイドルに似ているほどの美人なのか。

だから先々月の夜、彼のランニングコースを車で走ってみたのだという。

「場所は大体わかってたんで。さすがにもういないだろうとは思ってましたけど」

後輩の言っていたカーブは見つけたが暗すぎて車内からはよくわからず、道路に猫か狸《たぬき》の轢《れき》死体が引き伸ばされていたので、わざわざ降りてまで探す気にはならなかったそうだ。

# ツヤばばあの秘密

石井さんの祖父の初太郎さんはとてもお喋り好きである。とくにお酒が入ると昔の話が止まらなくなるそうで、時には自身の半生を三時間かけて語る大長編もあったとか。

これはそんな昔話の中でも珍しいという、怪談として聞くことのできる体験談である。

初太郎さんの生まれた町には、ツヤばばあという人物が住んでいた。

いかにもお化けの出そうなボロ家に一人で暮らしている婆さんで、よく近所の子供たちを集めて家の前の広い庭で遊ばせていた。

とにかく子供が好きで面倒見がよく、何をしても怒らない。ずっと笑顔である。腹が減ったといえば甘くて冷たい西瓜《すいか》や、胡瓜《きゅうり》の漬物を食わせてくれる。そんなに甘やかしてくれるなら、誰だって居心地がいい。それに行けば誰かは必ずいるので、暇だとなんとなくツヤばばあの家に行ってしまう。

初太郎さんも小さい頃は毎日のように通っていて、ハツボウ、ハツボウと呼ばれて可愛がられていたが、やはり中学生になると、恥ずかしくて顔を出せなくなった。学校から帰る時にツヤばばあの家の前を通ると、塀越しに子供たちの楽しそうな声が聞こえ、なんともいえない寂しい気持ちになったという。

ある晩、親にお使いを頼まれ、ツヤばばあの家のそばを通った。

すると、庭の方から子供たちの声が聞こえる。

こんな時間に妙だなと思い、塀の隙間から覗いてみた。

子供たちの姿はなかった。庭に白い棒のようなものが何本も立っていて、それがぼんやりと白く発光している。

棒の先にはそれぞれ丸いものがついており、そこには顔のようなものがある。筆で描いた、目や鼻や口であった。

あんなもの、いつから立っていたのか。それに、この子供たちの声はなんなのだろう。

家の戸がガラリと開き、手に長い棒を持ったツヤばばあが出てきた。

どうするんだろうと見ていると、手に持った棒をぶんぶんと振り回し、白く光る棒を次々と倒していく。その表情は、いつもの笑顔からはほど遠い、怒りの形相だった。見てはいけないものを見てしまったような気持ちになり、初太郎さんは静かにその場を後にしたという。

それからもしばらくは、ツヤばばあの家は子供たちの楽園だったが、初太郎さんが高校に入る頃には子供の声も聞こえてこなくなり、気がつくと家は空き家となっていたという。

# 小さいお地蔵さま

五年前に亡くなった梨恵さんの祖母は、たびたび家の中で小さなお地蔵様を見ていた。

それは手の平に載るくらいのサイズで、お地蔵様の形をしてはいるが顔はなんにもないノッペラボウであるという。

このお地蔵様が現れたからといって、良いことや悪いことの起こる前触れということではない。お告げをするわけでもない。意味もなく、ただ現れる。

居間の棚の上や廊下に現れることが多いようで、そういう場所で祖母がありがたそうに手を合わせているのを見ると、あ、今いるんだな、と思ったそうだ。

祖母は亡くなる三年前にガンが発見され、高齢であったこともあって自宅での終末治療を選択した。

とても死の病が進行しているとは思えぬほど容態は安定していて、普段通りに近い生活を送れていたのだが、亡くなる一週間前になって急に背中や腰の痛みをうったえだした。

そこから寝たきりの状態となってしまい、どんどんと衰えていった。

梨恵さんはよく、寝る前に腰や背中をさすってあげていたが、そのたびに「つらい」「もう死んでしまいたい」と弱音を吐くので、可哀想でならなかったという。

ある日、食事を持って部屋へ行くと、祖母が合掌をしているのを見てしまった。

寝たきりのままだが、その目は天井を強く見据えている。

こんな時でも、お地蔵様が見えているのだ。

その姿に梨恵さんは居たたまれなくなり、もし本当にいるのなら祖母を苦しみから救ってあげて欲しいと心から願い、手を合わせたという。

その日の夕方、祖母の部屋から母親の取り乱した声が聞こえてきた。

慌てて向かうと、祖母が両腕や顔を痣《あざ》だらけにしていた。

痣は一つ一つが握り拳ほどの大きさで、濃い紫色をしている。

いったい何があったのかと母親に訊ねても、わからないといって首を横に振るばかり。

当の本人は、すうすうと寝息を立てている。

何か冷やすものを持ってくるといって母親が部屋を出ていくと、それまで眠っていた祖母がパチリと目を開き、「梨恵」と呼んだ。

「ありがとうよ、梨恵」

「やめてよ。それよりどうしたの？　痣だらけだよ。立とうとして転んだ？」

「お地蔵様が、楽にしてくれるって」

「え？」

「頼んでくれたんだろ。梨恵が」

その言葉にゾッとする。

祖母の顔や腕についた、無数の痣。
これはすべて、お地蔵様が祖母に載った痕なのではないか――。
気がつくと祖母は再び目を閉じ、寝息を立てていた。
この日の深夜、祖母は息を引き取った。
亡くなる直前まで、祖母はずっと手を合わせていたという。

# 松ノ木ノ上

昭和五十年代、河北さんは休みがあるとよく一人旅をしていた。

これは、北陸のある町へ行った時のことだという。

どうしてそこを選んで行ったのか、理由は忘れてしまった。

人の往来のほとんどない、風の音がよく聞こえるくらい静かな、とにかく何もない寂れた町だった。

駅に到着した時はもう夕方で、空腹だったので食堂を探したのだが、駅周りには店がない。少し歩いていくと小さな商店を見つけたので、そこで卵のサンドイッチと牛乳を買ったついでに、この辺りで観光するのにいい場所はありませんかと店のおばさんに訊ねた。

こんな町、なんにもないよと店のおばさんは笑ったが、

「そういえば、松の木があるよ」という。

珍しい松の木なのかと聞くと、松の木自体は珍しくないが、その木には昔からリュウトウという火が灯るのだという。《龍灯》と書くらしい。

その松の木は昔はどこか別の地に生えていて、この町へ植え替えられるとすぐに火を灯すようになった、そんな伝説があるのだという。

「引っ越すのがイヤだったのかもね」そういうと、おばさんは大笑いした。

どこにあるかと聞くと、すぐそこの神社だよと簡単な地図を書いてくれた。

立派な神社だというのでさっそく行ってみたのだが、おそろしく廃れた神社が現れたので面食らってしまったという。

鳥居には落書きがたくさんあり、小便のような強い臭いがしていた。お供え物だったのか、参道には野菜くずが散らばっており、それをカラスが啄んでいる。

一見、松の木は見当たらないので社殿の裏へ回って見ると、細い石階段があった。

興味をそそられて上がっていくと、背の高い藪に囲まれた広っぱがある。その隅に低い石塀に囲まれた木造の小さな小屋があり、松の木はその小屋に寄り添うようにして生えていた。

夕暮れ空を背負って黒い影になっている松の木は、爪の長い悪魔の手のような枝があり、その枝におちんちんを丸出しにしている裸の男の子が立っている。

とんでもないヤンチャ坊主がいるもんだと手を振ると、向こうも手を振り返してくる。その振りが激しすぎて、その子のいる枝が上下に大きく揺れるので、危なっかしくて見ていられない。

「おーい、気をつけろよ」

そう呼びかけると、何を思ったか男の子は枝からぴょんと飛び降りた。

どさっと音はしたが、地面に男の子の姿はない。

(今、確かに落ちたよな)

上に目を戻すと、枝の上に青白い両脚だけが残っていた。

何度も転倒しながら神社を離れ、先ほど寄った商店に戻って今のことを話すと、また笑われてしまった。

なぜか、サンドイッチも牛乳も傷んでしまって、食べられなくなっていたという。

# 早送り

　数年前、戸田さんが自宅付近の道路を自転車で走っていると、猫が車に轢《ひ》かれているのを見つけた。

　もう死んではいたがそのままにはしておけず、いったん家に帰ってスコップを取りにいき、戻って近くの林に埋めたという。

　花でもあれば供えてあげようと辺りを探していると、花はなかったが良さそうな形の石が土に埋もれているのを見つけた。

　これは墓石がわりになるかもと引き抜いてみると、形も大きさもレンガブロックのようで、こびりついた土をはらい落とすと片面に何か文字のようなものが深く彫られている。

日も暮れていたのであたりは暗く、石に何が彫られていたかは見えなかったが、見ればみるほど墓石にふさわしいと思って迷わずそれを使った。

半年ほど前、急にそのことを思いだし、あの石はなんだったのかと気になった。石だから、そのまま残っているかもしれない。

そう思ったら無性に確かめたくなり、早朝から自転車に乗って猫を埋めた林へと向かったのだという。

残念なことに、猫の墓石はなくなっていた。

それほど期待していたわけではなかったのに、なぜだか打ちのめされたような気持ちになり、戸田さんは埋めた場所にしゃがんでぼうっとしていた。ぼうっとしながら、そのあたりに積もった枯葉をめくり、拾った枝で土をぷすぷすと刺し、どこかに石が埋もれていないかと探していた。

すると、道路の反対側に女性がいることに気づく。

いつからそこにそうしていたのか、白地に水色の柄がある浴衣《ゆかた》を着た小柄な女性が、戸田さんを見ながらにこにこと笑っているのである。

自分がひどく怪しい人物のような気がして、ちゃんと説明しなければと思った。

「あの、前にここで猫を埋めたことがありまして」

言ってから、なんて誤解を招きそうなことを言ってしまったのかと後悔した。

すると浴衣姿の女性は道路を渡って戸田さんのほうへ近づいてきた。

その動きはまるでビデオの早送りのように不自然でギクシャクとしている。

とっさに「この女はまずい」と判断した戸田さんは、すぐさま自転車に飛び乗って、その場から離れた。

振り返ると浴衣の女は早送りの動きのまま追ってきていたので、そこからは振り返らずに必死でペダルを漕ぎ続けたという。

汗だくで帰ると、自宅の玄関の前に泥だらけのものが転がっていた。

見るとそれは、猫の墓に使ったものにとてもよく似ていた石なのだが、何も彫られてはいなかった。

その石をどうしようかと悩んだが、このまま家に置いておくとあの女に嗅ぎつけられるような気がして、また自転車に乗って遠くへ捨てに行ったそうである。

# ケチ子

十五年前、ユミカさんの友人が突然、貯金を使い果たすといいだした。

はじめは本気とは思わなかったので、どうしたの、失恋でもしたのと冗談っぽく訊くと、「理由なんてどうでもいいじゃない」と通帳を見せてきた。

三百五十万円ほど入っていた。これまで貯め込んだバイト代に、オークションでいろいろ売り払って得たお金をプラスした金額であるという。

「一度、ゼロにしちゃいたいんだ。あんたになんか買ってあげる」

ユミカさんはびっくりした。友人は一言でいうとケチだった。そのうえ物欲が異常に強く、なんでも欲しがるくせに金を出すことに関しては誰よりも渋る性格だったのである。

そんな自分を否定するかの如《ごと》き、思い切った――というより自暴自棄的にも見える行動。

いったいどういう心境の変化があったかは知らないが、迷惑だった。

友人といっても、たまたま一緒のグループにいたから話すようになったというだけで、彼女個人とはそれほど深い付き合いをしたこともない。どちらかというと、そこまで親しくはしたくない友人であった。そんな彼女に何かを買ってもらうなんて、なんだか気持ちが悪い。

そういうわけなので断っていたのだが、あれこれ理由をつけられて懇願されてしまう。

「寄付とか他人にあげたりするのは馬鹿らしくて絶対いやなの。貰ってよ」

「捨てるよりも大切な友達の何かに役立ってほしいの。いいでしょ?」

「わたしを助けると思って。お願い」

結局、某高級ブランドショップまで連れていかれてしまい、勝手に見繕《みつくろ》われた二万円くらいするプラリングを買ってもらったのだという。

その後も、友人たちにいろいろ買ってあげているという噂が毎日のように耳に入ってきた。なんでも買ってくれる女がいると広まっているのか、友人でもないような人まで彼女に近づいているようだった。

そんな噂も聞かなくなった頃、彼女の訃報が届いた。自殺であった。

彼女の異常な行動は、前兆だったというわけである。

なぜ彼女は死んだのか、その理由を知る友人、知人はいなかった。遺書があったのかもわかっていない。

男の影はなかったと聞くし、ユミカさん同様、深く付き合っていた人もいなかったようなので、どうも人間関係で悩んでいたとは考えにくい。あるいは、そんな孤独な生活の中、ふいに絶望感のようなものに捉われてしまったのかもしれない。

彼女がユミカさんに遺していったのは、死んでしまったという事実と、買ってもらったプラリングのみだった。

それから、ユミカさんはどうしようかと悩んだ。

このプラリングのことである。

一度も身につけたことはなかったが、よく見るとかわいいデザインなので少しだけ気に入りつつあった。

しかし、これは死んだ人から理由もなく貰ったものである。持っていたくはない。

リングを通して死者と繋がってしまう気がしたのである。

かといって捨てるのも選択肢としては違う気もする。

――それなら、いっそ売ってしまおうか。

無駄にするよりかは、そのほうがいい。

さっそく、ブランドの買い取りをしてくれるところを探そうと、自宅のパソコンをネットに繋いだ。

ズッ、ズッ、ズッ

部屋の中で壁をこするような音がし始めた。

別の部屋の音が響いているというより、自分のいる部屋の壁の内側に沿って、何かがゆっくりとこすれながら移動しているような、あからさまに存在感のある音だった。

その音がユミカさんの周りを一周すると、すうっと部屋が暗くなった。

停電らしくない照明の消え方だった。

暗くなった部屋の中でノートパソコンの画面だけが明かるく、こちらは完全にフリーズしてしまっている。

「なに？　怒ってるの？」

部屋の角に溜まる闇、そこで存在感を放っているものに問いかける。怖さをまぎらわせるため、強気な態度を装って。

「でもこんなの持ってても怖いから、もう売っちゃうよ？」

壁をこするような音が激しくなった。荒い鼻息のようなものも聞こえてくる。

「それともやっぱり返してほしくなった？　いいよ。こんなのいらないから」

返すよ、といって音のしている方へとリングを放り投げる。

次の瞬間、何かが顔をしたたかに打ちつけ、その勢いでユミカさんは後ろに倒れ込んだ。

顔の真ん中がジンジンと熱く痛み、口の中に血の味が広がった。鼻から生温かいものが垂れるのがわかった。

恐怖を感じたユミカさんは、手探りで床を這いながら部屋を出た。その後ろで、すうっと照明に明かりが戻った。

ユミカさんは顔に全治一週間の怪我を負った。

それ日以来、プラリングは部屋から見つかっていないそうである。

# サバゲー

大輝くんは中学生の頃、サバイバルゲームに夢中だった。

同級生で同じ趣味の人はいなかったので、大学生の兄と、兄の友達のグループに混ぜてもらってゲームを楽しんでいた。

おもな戦場は廃工場フィールド。基本はチーム戦。いつもは五、六人だが、多い時は十人くらいでやるという。

廃墟でそんな遊びをしていたら通報されないかと、私は素朴な疑問を抱いた。

「もちろん、料金を支払って使うサバゲー施設の廃工場ですよ」

笑いながらいわれてしまった。そういう場所が全国にあるのだそうだ。

その日は廃工場で五対五のチーム戦だった。

戦闘開始からずっと、同じチームの兄が何度も首を傾げているので、どうしたのと聞いた。

「いや、あいつ、誰だったかなって」

あいつとは、青色のジャージを着たソルジャーである。腕や足に緑のダブルラインが入っている。あんな服装のヤツはいなかったと兄はいう。

確かに大輝くんも覚えがなかった。

戦闘中はゴーグルをつけるので相手を顔で識別できず、使っている銃や迷彩服、ジャージの色などで敵か味方かを判断する。だから戦闘前には敵と味方の装備をしっかり覚えるのだが、青ジャージはその時にいなかったのである。

この青ジャージ、隠れるのが下手で隙だらけに見えるのだが、動きがやたら機敏でまったく弾が当たらない。

「あんなに動きのいいヤツ、俺らの仲間にいたか?」

その兄の疑問は他のメンバーも抱いていたようで、謎のソルジャーが加わったことによりバトルの流れがなんだか妙な感じになっていった。

戦闘中はみんなが動き回るのでなかなか数えられなかったが、頑張って数えてくれた仲間が十一人いるぞと兄に報告した。一人多いのである。

「黙って一人連れてきたんだな。ぜってぇ向こうのチームだろ。きったねぇな」

だったら遠慮はしないと兄は、チーム全員で青ジャージを集中攻撃しようと提案した。

そんな兄たちの本気を感じ取ったのか、青ジャージも本気を出してくる。攻撃はしてこないが、物陰から物陰へと素早く忍者のように移動し、弾丸の雨霰《あめあられ》をことごとくかわしていた。


午後六時。戦闘は終了。大輝くんのチームの勝利だった。

「で、あいつはどこいった?」

結局、仕留めることができないまま、青ジャージを見失ってしまったのだ。

終了後のミーティングにも彼は姿を現さなかった。

「あいつハンパねぇ動きしてたな。誰だよ、本職連れてきたの」

兄がニヤニヤしながらみんなに訊いた。

みんな、早く名乗り出ろよという顔を向け合っている。

「おいおい、いいからもう白状しろよ。あいつ面白いから次も入れようぜ。誰の知り合いだよ。おまえか？」

ちげーよ、おれ知らね、おれも、おまえじゃねぇの。

誰も青ジャージのことを知らなかった。

「よく考えたら、施設を利用する際に人数確認はしてるんですよね」

サバゲー好きの幽霊ではないかと誰かが言うと、「それはそれで熱い」ということになり、次も来ればいいのにと意外にも歓迎ムードだったそうだ。

# どざえもん

飯塚さんは小学生の頃に猫の水死体を見た。

黒い水の溜まる側溝のそばの道で、黒く濡れたモップの先のようなものが落ちていた。

友達数人で囲んで見たのだが、みんなは猫の顔ばかりを覗き込んで、顔がすごい、気持ち悪いと騒いでいる。

飯塚さんは怖くて見ることができなかったので、顔以外の脚とか背中を見ていると、気になるところがあった。

お尻に大きな穴があいているのである。

かなり大きな穴だったと記憶しているが、それは後に付け足された記憶かもしれないという。

猫の水死体を見た後、近くの公園のアスレチックで遊んでいた。

例の側溝はすぐ目の前で、なるべくそちらを見ないようにしていたが、何をしていても視界に猫の死体が入ってしまう。

さっきの洞穴のような尻の穴の映像がどうしても頭から離れない。

どうしてあんなにお尻が開くんだろう。

気になりだしたら、そのことばかり考えてしまう。

こんな気持ちの悪い疑問を抱えているのも厭なので友達に相談してみると、「なにいってんの？」ときょとんとされた。

さっき見た猫のことだよといっても伝わらない。

猫の死体だよとはっきりいってもわかってもらえない。

まるで、お化け屋敷で自分だけ置いてきぼりをくらったみたいな気持ちになる。

そうはさせるかと、すぐそこにある側溝までみんなを連れていくと、そこにはもう猫の死体はなかった。
ずっと見えていたのだから、誰にも片付けられていないのは確かだった。
側溝は完全に乾ききっていたという。

# バスソルト

まつげサロンに勤める立花さんからお聞きした。

サロンのオーナーが、二十年以上も担当しているお客さんがいる。

都内にあるスナックのママで、美容に関してはオーナーに全幅の信頼を寄せている。

営業内容や店舗の場所が変わっても、そこにオーナーがいるかぎり通い続けてくれる本当の上客である。

ある日、そのママが二週間ぶりに来店し、オーナーと談笑しはじめた。

それを横目にスタッフの女の子が、神妙な顔でこんなことを立花さんにいいだした。

「あの人、肩にお婆さんが乗ってる」

ママが霊にとり憑かれているというのである。

それを聞いた立花さんや他のスタッフは、ハイハイとうんざりしながら聞いていた。

彼女お得意の嘘だとわかっているからだ。

昔の彼氏が某大物俳優だったとか、元Jリーガーにしつこく迫られていたとか、一日に三回も大手芸能事務所のスカウトを断ったことがあるとか、日頃からかなり大振りな嘘を堂々とつくような人なので、むしろ今日の嘘はショボイなと感じたそうだ。

もちろん、絶対嘘だといいきれる確証はないのだが、話す内容、スケールに見合う容姿や能力を本人がまったく備えていないのが残念なのだと立花さんはいう。

彼女の嘘に対応する側も面倒なので、わかり易いほど適当にあしらうのだが、それでも本人は嘘がバレているとは気づいておらず、さらに嘘を重ねてくる。

「わたしさ、昔から霊感っぽいのがあるんだわ。あの人、あのままだとヤバいよ」

ハイハイそうですかと半笑いで聞いていると、キーの高いママの声が聞こえてきた。

「最近ね、また肩が重いのよぉ」

「あら、どんな感じに重いですか?」

「えーとそうね……ちょうどお婆さん一人、ぶら下がってるような感じ?」

なんですそれ、わかりづらいですよお、とオーナーが笑っている。

その会話を聞いていた立花さんと他のスタッフは、「マジ?」という顔を嘘つき女子に向けた。こんな打ち合せしたように符合することなんてあるのか。

本人は当然だ、というような顔をしている。

オーナーはママの肩を軽くマッサージしながら、

「血行でしょうね。だったらバスソルトがいいですよ。偏頭痛とかにもいいみたいですし。今、持っているので少しお分けしましょうか?」

オーナーが気を利かせると、ママは「えー、いいわよ」と遠慮する。

バスソルトとは、デトックス効果があるので美容にいいという風呂に入れる塩である。

「でもほんと、すごくいいんですよ」

「わたしはいいわ」

「えー、もったいない。一度だけ試してみてくださいよ」

「だからイヤだっていってるでしょ!」

突然、激昂したママはテーブルを叩いて椅子を立った。

他のスタッフに自分のバッグを持ってこさせるとそれを奪うように取り、大きな靴音を立てて店から出ていってしまった。

オーナーは驚いた表情のまま、その場で固まっていた。

以来、ママは店に顔を見せなくなったという。


塩を嫌がったのはママではなく、肩に乗ったお婆さんなのではないか。

そうスタッフたちは囁き合っている。

これで例の嘘つき女子の株が上がったわけではないが、彼女が何もない場所を無言で見つめていたりすると、スタッフ全員が妙に緊張するという。

# 悪霊情報

矢田氏は二十代の頃、雨宿りしようと入った古書店で珍しい本を見つけた。

表紙は擦れて色が薄くなっており、かろうじてだが書名らしき文字は確認できる。

しかし、旧字なのか、見覚えのない漢字なので読むことができない。

とくに背の部分はぼろぼろで、まるで樹木の外皮のようになっている。そのため、本を開くだけでパリパリと割れてしまい、剥げた紙片がひらひらと足元に落ちた。

三百頁以上もある中身だが、人の名前と住所、そして、その人が亡くなった死因が書かれていたという。

「死んだ人の個人情報が載ってる本って、他にあるもんなんですか?」

そう訊ねられた私は、近いものは読んだことはありますと答えた。

新聞記者の書いた山の遭難の記録である。落石、滑落、疲労凍死といった、山で多いとされる事故の事例をあげるとともに、被害者の氏名、年齢、おおよその住所、人によっては勤め先なども書かれている。集められた膨大な事故の事例は、山で起こりうる様々な危険を生々しく伝えていた。

しかし、矢田氏の見つけた本で扱っているのは、交通事故、海難事故、自殺、病、災害など一貫性がない。共通しているのは、全員が死亡していることだけである。

こんなものを本にして、世に出す意味はあるのだろうか。

「内容は全然面白くないのに、なんか気になっちゃいまして。死んだ人の住所を見て、自分の家の近くの人はいるかなとか、そういうくだらない読み方をしてしまったんです」

その日の夜、矢田氏は右手の甲に強烈な痒みをおぼえた。

腫れなどはないが、虫が這いずって時々噛んでいるような不快な痒みであった。

古書店でダニにでも喰われたのかもしれない。そのうち治まるだろうと楽観していた。

しかし、痒みは治まるどころか日に日に増していき、気づけば右手を血が出るほど掻きむしっている。三日もすると手の甲はどら焼きを縫いつけたみたいに腫れあがり、浮いた皮が垢のようにボロボロとめくれて、それはもう無残な状態になっていった。当時は保険証がなかったので病院にも行けず、薬局で虫刺されの薬を買ってつけていたが効果はまったくない。そのうち熱を持つようになり、その熱は全身に広がっていった。

仕事も休み、部屋で一人、熱と痒みに苦しんで呻いていると（自分はこのまま死ぬのかもしれない）と、どんどん弱気になっていく。

そんな地獄のような日が続いた、一週間目の夜。

う、う、うううううう――

矢田氏は自分の唸り声で眠りから覚醒した。

胸が重い。何かが載っている。その苦しさで自分は唸《うな》っていたらしい。

恐る恐る目を開けると、掛け布団の胸のあたりに顔が載っている。

それも一つではない。若い顔、老いた顔、幼い顔、男に女――数え切れぬほど載っており、その後ろにも、まるで順番待ちをしているようにぼんやりと複数の顔が連なっている。

いちばん近くにある中年女の顔は、尖った顎《あご》を布団に食い込ませ、濁った眼を細めてにたにたと笑っていた。

逃げ出したいが身体が動かず、いつの間にか声も出なくなっている。

う、う、うううう、うううう――

唸り声はもう自分のものではなく、胸の上の首どものものになっていた。よく聞くとそれは唸り声ではなく、人の名前を言っている。無数の顔どもは、それぞれ違う名前をぶつぶつと呟いているのである。

矢田氏はわかったのだという。

あの人たちだ、と。

ここにある無数の顔は、あの本の中に名前があった人たちだ。

でもどうして？　自分は本で名前を知っただけなのに。それ自体がいけないことだったのか。

何が怒りに触れたのかわからないまま、ごめんなさい、ごめんなさいと心の中で謝罪を繰り返した。

すると胸の重みがスッとなくなり、あれだけあった顔はすべて一瞬で消えてしまった。

やっと身体が自由になって部屋の照明をつけると、壁や天井にそれまでなかった染みが無数に浮かんでいたという。


翌朝には熱も引き、手の腫れや痒みも嘘のように治まっていった。

それからすぐ、引っ越しを決めたそうである。

壁や天井の染みが、日に日に人の顔に見えてきたからだという。あの顔たちに見張られているようで、落ち着けないのだそうだ。

# 月夜の芝居小屋

昨年、喜寿《きじゅ》を迎えた春一さんと先日、久しぶりにお会いした。

仕事のほうはどうですかと聞かれたので、実は――と、怪談のネタに困っていると答えた。次の本を書くにあたり、手持ちの怪談の数が足りていないんです、と。

すると、こんな話でよければと、「七十年を生きて唯一」という、たいへん貴重な体験談を聞かせてくれた。

春一さんは幼い頃に母親を亡くし、二人目の母親も早くに亡くしている。二人目の母親には年下の三人の連れ子がいて、春一さんはよく面倒を見ていたという。

面倒を見るといっても、菓子を買ってやれる金はないし、勉強を教えてやれるほど学もない。できることは、少し大人びた遊びを教えてやるくらいである。

ある晩、春一さんは眠っている弟たちを起こし、寝ている父親に気づかれないように外へと連れ出した。

「しゅん兄《にい》、どこいくん？」

弟たちが春一さんの手の懐中電灯を見て、不安そうな顔で訊いてきた。

「おっかねぇもんを見に行くぞ」

えっ、という顔で弟たちは顔を見合わせる。

「ついてこい。おめぇらキンタマちぢむぞ」

雑草が伸びに伸びきった草っ原をかきわけ、何もない砂利道をひたすら町の方へと走った。空には大きな月が出ていた。

向かっているのは、父親が裏方をやっている芝居小屋だった。

そこの木戸口の横に木作りの箱があり、その中に弟たちと同じくらいの背丈の人形が立ち姿で飾られている。目的はそれだった。

別に「おっかねぇ」人形ではなく、日本髪の美しい女性の人形なのだが、本当の目的は夜遊びに弟たちを誘うことなので、少しでも雰囲気を盛り上げてやろうと大袈裟な表現をしたのである。

父親の働いている芝居小屋は、街道沿いにある平たい形をした建物だった。着いた瞬間、春一さんはいつもと違うことに気づいた。木戸口の横にある木箱には格子戸が取り付けられており、そこから箱の中にある人形が見えるはずだった。

それが今は、箱の全面に白い布が張られている。

「おっかねぇもんって、これか?」

「こりゃあ、なんも見えんな、取っちまってもいいか?」

白い布を引き剥がそうとする弟たちを春一さんは慌てて止める。

「破ったらいけんて。めくって隙間っから見れんのか?」

懐中電灯を受け取った真ん中の弟はわかったと頷くと、四隅を留めてピンと張られた布の横からぐいぐいと指をねじこみ、隙間に懐中電灯の光を差し込みながら顔を近づける。

うわっと尻餅をつき、「おっかねぇ」とげらげら笑った。

「よし、おれだ」と次の弟が覗くと、強張《こわば》った表情を春一さんに向けた。

「しゅん兄、これなんだ？　えらいもんだな」

どれどれ、と三人目の弟が覗くと、わぁっと、ひと際大きな声をあげて後ろに飛び退いた。

「すげえ。なんだ、これ。おっかねぇ顔だな」

春一さんは、妙だなと思った。

夜の緊張の中で見る精巧な人形は、確かに一段と本物らしく見えて不気味かもしれないが、弟たちの反応はそういうのとはまた違う気がする。

「しゅん兄は見ねえのか？」

おお見るぞ、と布の横から指を捻じみ、そこから箱の中を覗く。

いつもの人形だった。

首から下だけは――。

着ているものやポーズはいつもと同じだが、顔がまるで違っている。きれいな日本髪は山姥《やまんば》のようなぼさぼさ頭になっており、切れ長の目と小さな口で上品に笑みを浮かべていた顔も、断末魔の瞬間のように目も口も真ん丸にかっ開いた、おそろしい形相に変わっていた。

翌朝、春一さんは学校へ行く前に芝居小屋へ行ってみたが、木戸口の横の箱に白い布はなく、格子戸越しに着物姿のきれいな女性の人形が置かれていた。

あの人形は顔が変わる仕掛けがあるのかと父親に訊ねたそうだが、そんなものはないといわれたという。

# ひとだまをみた

加奈さんは昔、《ひとだま》を見たことがあるという。

昭和三十年頃のこと。

家の近くの稲荷神社で友達と二人で遊んでいると、それまで明るかった空が俄《にわ》かに薄暗くなった。

雷雨になるかもしれないので近くの木の下で遊んでいると、

「○○さーん」と、女の人の声がした。

神社の裏の森の方から聞こえた気がする。

よく聞き取れなかったが、誰かの名前を呼んでいる。

ちょっと怖かったので、友達と手を握り合って、森の方へ近づいていく。

するともう一度、

「○○さーん」

二人は足を止めた。

また名前のところが聞き取れなかった。

「だれを呼んでるのかな。だれもいないのに変だね」

そういうと、友達は加奈さんを指さす。

友達は「なかむらさーん」と聞こえたという。加奈さんの苗字である。

それなら聞き間違えるはずはないし、そんなふうにも聞こえなかった。

でも、そんなことを言われたら、なんだか気持ちが悪い。

気持ち悪くさせられた仕返しに、神社の裏の森へ向かって「なみのみちこさーん」

と呼びかけた。友達の名前だった。

「はーい」

そんな声が返ってきて、森のほうから赤く光る玉が飛んできた。

それは加奈さんたちの頭上をピュウッと飛んで、大きなカーブを描いて消えてしまった。

返ってきた声は、一緒に遊んでいる友達の声とそっくりだった。

その友達はこの日の晩に高熱を出し、数日後に亡くなってしまった。

自分がとんでもない罪を犯したのではないかと、加奈さんは今もその時のことを後悔しているという。

# チラシのモデル

菜々さんが女子高に通っていた頃、同学年の生徒が自殺をした。

学校のトイレで首を吊ったという。

遺書はあったが、死ぬ理由を一切書いておらず、親や友人への感謝の言葉だけが綴られていたといわれている。

菜々さんは話したことはないそうだが、有名人だったので彼女のことはよく知っていた。

自殺の理由も知っているという。

「彼女は一年の夏休みが終わってすぐくらいから、『セフレ』って呼ばれるようになったんです」

本人はそんなあだ名とはまるでイメージの違う、大人しく地味な生徒であった。

彼女にこんなひどい呼び名がついたそもそもの発端は、本当に馬鹿げた噂だったのである。

学校の最寄り駅の近くに『S』という衣料品店があった。おばさんくさい柄物の服ばかりを扱っている店で、奈々さんは客が入っているところを一度も見たことがないという。

その『S』のチラシが駅前や商店街のあちこちに貼られていた時期がある。噂では客が入らなさ過ぎて店主がおかしくなって貼り回ったとされているが、それはまた別の話だ。

このチラシが『セフレ』発生の原因であるというのである。

「そのチラシに彼女とそっくりな女の人がモデルで出てたんです」

気怠《けだる》そうな表情で壁に寄りかかるコート姿の女性。画質が悪くかすんでいるが、確かに顔が似ていたという。

すぐに本人ではないかと噂になった。

これがファッション雑誌の読者モデルならまた違った展開になったのだろうが、ダサいおばちゃん服の店のチラシである。いい笑いものであった。もちろん本人であるはずもなく、そのチラシの写真もどこかの雑誌から本物のモデルを切り抜いて貼ったようなものだったそうだが、そんなことはもはや関係なかった。彼女は『S』の専属モデルということにされてしまうのである。

しかも、このチラシには大きく『セレブの気品を、あなたに』と書かれていたため、そこでいったん、あだ名が『セレブ』となってしまった。

この時点で本人はとても嫌がっていたのだが、それを面白がったクラスのギャルグループが『セレブ』と字が似てるという理由だけで、『セフレ』と改名してしまう。

そんな偶然と思い付きと悪意で生まれたあだ名は、その言葉のイメージだけが先に走ってしまい、彼女によからぬ噂がまとわりつくことになる。

売りをやっている、風俗の雑誌に載っていた、体育教師や校長先生のセフレらしい。

そんな根も葉もない噂が毎日のように校内を駆け巡った。

そうして彼女の心は不本意なあだ名に追い詰められ、死を選ぶことでしか逃げ道を見つけられなくなったのである。

あだ名をつけた生徒たちは、自分たちが追い込んだという自覚がないのか、あるいは彼女の命を軽んじていたのか、通夜の時も他人事のような顔で参列していたという。


「ぎゃあああああ」

ある日の授業前の朝の時間。ホラー漫画のような悲鳴が上がった。

発生源は例のギャルグループたちであった。

この時、いつものようにカラオケとプリクラと男の話に花を咲かせていた彼女たちが全員、突然、ヒステリックな叫び声をあげたのである。

叫びながら泣き出す者、謝りだす者、腰を抜かして立つことができない者。

そんな彼女たちを見た他の生徒たちも続々と悲鳴をあげ、教室内は一時パニックとなった。

『セフレ』が出たのである。

彼女はギャルグループが集まるど真ん中に、何事もなかったような顔で混ざっていた。

教室中が騒然とする中、彼女の姿はいつの間にか消えていたそうだが、ギャルグループの一人はショックで卒倒してしまい、泡を吹いてビクンビクンと痙攣《けいれん》していたという。

救急車まで来る騒ぎとなり、二つ隣の教室だった菜々さんも何事かと思ったそうだ。

しかし、そこまでの騒ぎになったにもかかわらず、彼女の自殺の真相は明らかにされることはなく、時間が経つにつれ、あの時にいた『セフレ』は見間違いだったということになっていった。

彼女が目撃されたのは、その一度だけであったという。

最後に派手な仕返しをできたから成仏したんじゃないかと奈々さんはいう。

# クマにあったら

小学生の頃、康雄さんは身体が弱くてたびたび学校を休んでいた。深刻なものではなく、成長して体力がつけば自然に治る病気だった。実際、四年生になる頃には少しずつ体調もよくなり、授業を受けられるぐらいにはなっていた。だが、それでも学校へは行かなかった。行きたくなかったのだという。いわゆる登校拒否である。

「当時の心境はよく覚えてませんが、ずっと学校に行かず、家にいる時間が長かったから、急に慣れない環境になるのが怖かったんじゃないかと思います」

そんな、引き籠りの生活が続いていた、ある日。

京都に住む叔父から電話があり、久しぶりに遊びに来ないかといわれた。

たまには家族で外出もいいだろうと次の連休に行くことが決まったが、両親は仕事が入ってしまい、急遽《きゅうきょ》、二つ年上の従姉と二人で行くことになった。

当日、駅まで迎えにきた叔父の車に乗せてもらい、大きな寺や見事な鐘楼、朱塗りの鮮やかな橋など京都らしい場所を巡った。普段は行けないような高級そうな料理店にも連れていってもらい、康雄さんは久しぶりに一日を満喫したという。

叔父の車の助手席には、なぜかクマのぬいぐるみが置いてあり、従姉がそれをとても欲しがった。叔父がいいよと渡すと大喜びし、車の中でずっとそのクマと喋っていた。

その夜、康雄さんと従姉はなかなか寝つけず、二階の部屋で布団に入ってぺちゃくちゃ喋っていた。

すると、どこからそういう話になったか、『クマにあったらどうする?』というテーマで問答がはじまったという。

たった今、目の前にクマが出てきたら逃げるのか、死んだふりをするのか、自分ならどうするかというような、たわいもない会話である。

自分がどんなふうに答えたか覚えていないが、従姉のことが密かに好きだったので、クマと戦うとか、従姉を助けるとか、かなりカッコつけたことをいったはずだという。どれくらい話していたのか、従姉が急にガバリと起きあがって、貰ったぬいぐるみがないと言いだした。

「さっきまでここにいたのに」

泣きそうな声でそういって布団をめくったり、自分のリュックを開いたりしている。従姉は年齢だけでなく性格もしっかりとお姉さんで、何かと康雄さんの面倒を見てくれる人だった。だから、こんなふうに取り乱す姿を見て意外に思ったのを覚えているという。

「下に忘れてきたかもしれない」

一階まで探しに行ってほしい、そう涙声でいわれた。

もう叔父も寝ているだろうから下の階は暗いだろう。普段なら絶対にいかないだろうが、好きだった従姉に頼まれたことでヒーローの気分になっていたという。

取りにいってあげるよと勇ましく部屋を出たまではいいが、階段までいったところでそこから進めなくなってしまった。

階段の下のほうに、誰かが座っているのである。

康雄さんに背を向けているそれは、叔父ではない。もっと大きかった。

それに全身に毛が生え、頭も背中も黒いひと塊《かたまり》になっていた。

その姿を見て康雄さんは、ぜったいにクマだと思ったという。

なんの根拠もないが、さっきまでクマの話をしていたことと、従姉が貰ったクマのぬいぐるみが頭の中でイメージ作りを手伝ったのかもしれない。

今考えれば、近くに山があるわけでもないのに、普通の住宅の階段に野性のクマが座り込んでいるはずもないのだが、その時は階段の下に座り込んでいる黒いものがクマにしかおもえず、こわくて一歩も進めなくなってしまったのだという。

待っていても移動する様子もないので、そっと部屋に戻ると、従姉はなくなったはずのぬいぐるみを抱いて、すやすやと眠っていたという。

その後、京都から帰った康雄さんは保健室登校から少しずつ学校になれていき、二学期からは普通の小学生らしい生活を送れるようになった。

「あの体験がなにかの後押しをしたような、そんな気がするんですよ」

一度だけ、叔父の家でのことを従姉と話したことがあった。

多少の食い違う点はあったものの、ほぼ康雄さんの記憶通りだったので、あの時に見たものが夢ではなかったとのだと確信を持てたそうだ。

# たすけて

仕事から終電で帰ってきた進さんは、駅を出ると急にもよおした。

駅のトイレは改札の中だし、近くにコンビニもない。家までもたせる自信もなかった。

ロータリーのそばにある公衆トイレは不衛生なので普段なら絶対に入らないのだが、今は緊急事態、背に腹はかえられない。

急ぎ足で飛び込むと、すでに先客がいた。

二つある小便器に小学生くらいの男の子が二人、並んでおしっこをしている。

同じ服装で同じ髪形、背も同じくらいなので双子かもしれない。こんなに同じ格好にしてしまったら、いくら親でもわからなくならないのか。

そんなことよりも、二人ともなかなか終わらない。さっきから置物みたいに、同じ姿勢でじっと動かないまま二分はそうしている気がする。

本当にやっているのかと横から見ると、ちゃんと出るものは出ている。

まいったな。横目でチラリと個室トイレを見るが、不審な色の水溜りや濡れて溶け広がったトイレットペーパーが見えるので絶対に入りたくない。

とかやってる間にそろそろどうかと視線を戻すと、二人の男の子はおしっこをしながら顔だけを進さんに向けている。

コピーしたようにまったく同じ顔で、いくらなんでもそっくりすぎると思った。

「たすけて」

手前の子がいった。

すると奥の子が、

「しんでしまう」とまったく同じ声でいう。

進さんは半笑いで、「え？」と返した。自分を指さして、

「おれにいった？」と聞く。

返事はしてくれない。進さんを見つめながら、おしっこは継続中である。近くに親はいるのかと入口を振り返ってみるが、ここからではわからない。

「たすけて」

手前の子がいうと、また奥の子が、

「しんでしまう」と続ける。

「じゃあ、オシッコしてる場合じゃないでしょ」

軽くツッコミ風なことをいいながら、こんなCMかコントを見たことがあるなと思った。そんなことより、もう膀胱が破裂寸前だったのだが。

「ていうか、君たちおしっこ長すぎない？　そろそろ替わってー」

わざとおどけて情けない喋り方をしてみるが、二人はまた、「たすけて」の件を繰り返す。

もう無理だ。限界に達していた。我慢しすぎて下腹部がジンジンする。

駅に戻って改札を通してもらおうと出口へ向くと、自分よりも切羽詰まった様子の若い男性がトイレに飛び込んできた。

わあ、どうするんだろうと振り向くと、今入っていった男性は小便器の前で安堵の顔で用をたしている。双子たちの姿はどこにもない。

狐につままれた気持ちで空いている小便器の前に立つと、隣の男性が「大丈夫ですか」と声をかけてきた。

見ると自分の前の小便器が真っ赤な飛沫を弾いている。

進さんの血尿だった。

# 口臭の原因

栗木さんの高校に保健体育の教師で里田という男がいて、彼の口臭がきつすぎると話題になったことがある。

授業中、誰かが早口で「クサッ」というと、別の誰かが「モンダルミン！」と返す。するとみんながクスクス笑いだす。

静かにしろと里田が怒ると、また誰かが「クサッ」といい、今度は「フリスクビ！」と誰かが返す。クスクスと笑いが起こる。そんなくだらない遊びがクラスの一部男子のあいだで流行っていた。やりだしたのは栗木さんがよくつるんでいた男子たちだった。

夏休みがはじまる数日前。

里田が事故に遭ったと朝のホームルームで担任から知らされた。

スクーターでガードレールに突っ込んだのだという。

命に別状はないが両脚を骨折したので、しばらく入院することになるとのことだった。

栗木さんたちはホームルーム後に集まると、いつも笑いのネタにしてしまっているから、ここは日頃の感謝の気持ちを込めて里田を感動で泣かせてやろうということになった。

早い話が見舞いに行こうというのである。

担任から入院先を聞いた栗木さんたちは放課後、男子四人で病院へ向かった。

「おまえらが来てくれるなんておもわなかったよ」

さすがに泣きはしなかったが、生徒たちが見舞いに来たことを里田はとても喜んだ。

菓子などを栗木さんたちに振舞うと、暇だから少し話に付き合ってくれよという。

「おれ、たまに口が臭いだろ」

栗木さんたちはドキリとした。

普段から、そのことをネタに笑われていることは知っているという。クラスで流行っている遊びのこともわかっていた。

情けなくて恥ずかしいことだが自分の不摂生が招いたことなので、生徒たちをどうこういうつもりはないという。

そういわれてしまうと、逆に悪いことをしたなという気持ちになってくる。

仲間の一人が、歯医者に行ったらどうですかというと、これは歯の臭いじゃないという。

「胃が悪いんだ」

それこそ、病院でみてもらうべきだ。入院ついでにそっちも検査してもらったらどうかと真面目な提案をすると、検査は何度もしているが、すぐに再発するのだという。

原因はストレスなんだといった。

栗木さんは、父親がよくそんなことをいっていたのを思い出す。

人間関係ですかと聞いてみたら、人間関係だという。

「今は笑っても許すけど、おまえら学校で言いふらすなよ」

数カ月前から、住んでいるマンションの部屋に女が出るのだという。

見覚えのない女で、両肩から腕がない。

気味が悪いから家の中を逃げ回っているのだが、どうやらそれがストレスとなって胃炎を発症させてしまったらしいという。

「事故を起こしたのだって元をただせば、あのクソ厄介な女のせいだ」

栗木さんたちはアイコンタクトを交わし合った。

こいつ、やべぇんじゃねぇか。

里田は栗木さんたちが帰るまで、その女の愚痴をいい続けた。


夏休みが終わっても里田は学校に復帰しなかった。

そのまま保健体育の授業は他の先生が受け持つことになり、栗木さんたちが卒業する前に里田が胃ガンで死んだということを耳にしたという。

# 正解

小野さんは七年間連れ添った妻と別れた。性格の不一致であった。最後の別れの言葉を伝え、新居のマンションで荷ほどきを済ませると、この日はもう深夜になっていた。

すべてが終わってみると、すっきりしたような寂しいような、なんともいえぬ気持ちになっている。ビールをひと缶あけると、どっと疲れが出たので床に入り、長いようで短かった夫婦生活に想いを馳せながら眠りについた。

目覚めると、窓から朝日が差し込んでいた。

時計を見ると、午前五時すぎ。

もうひと眠りしようと目を閉じると、ツンと、乾いた雑巾《ぞうきん》のような臭いがする。臭いの元がどこかは見当がついていた。

室内に干している洗濯物である。生乾きの時の臭いと同じだったのだ。

今日、仕事に着ていく服が臭うのはすごく嫌だが、起きて消臭するのも億劫である。

眠気には勝てず、布団を頭からかぶるが、臭いは布団の中にまで入り込んでくる。

無視して眠ろうとするが、臭いはどんどん濃厚になり、いよいよ寝ていられないほど強烈になっていく。

いくらなんでも、生乾きの洗濯物がここまで強く臭うことはない。

厭な想像だけが膨らんでしまい、小野さんは眠るのは諦めて起き上がった。

犯人捜しをしようと洗濯物を嗅いでみるが、臭いはここからではない。

「おまえか」

そんな独り言をこぼすと、突然、洗濯バサミのついたハンガーがガッシャガッシャと揺れだした。

跳ねあがる靴下やトランクスを見ながら、ついに大きな地震が来たかと慌てるが、冷静になって周りを見ると、部屋の中で揺れているのは洗濯物だけである。

どうしていいのかわからず、呆然と揺れる洗濯物を見つめていると、その動きが急にピタリと止まった。

生乾きの臭いが強くなる。

厭な感じがし、視線をゆっくりと足元に下ろす。

爛《ただ》れて引き攣《つ》った女の嗤《わら》い顔が、べったりと床にはりついていた。

# 焚き火

この日、牛川さんは発売したばかりの新作ゲームを求め、地元のゲームショップを巡った。

バイトから帰る途中で発売日だったことを思いだし、まあ、買えるだろうと高を括《くく》っていたら、地元最大のゲームショップが売り切れの札を出していた。

どうやらネットでは前評判が高かったらしく、フラゲ勢がＳＮＳで高評価をつけていた。

完全に出遅れてしまったことに気づき、知っている店を片っ端からまわったがどこも売り切れ。こんなことなら予約しておけばよかったと後悔したという。

町内は全滅、この様子だと他へ行っても同じだった。それでも希望を捨てず、少しくらい遠くてもいいので最後の一軒に望みを託すことにした。

ネットで探してみると、隣の町にゲームショップが一軒あった。

普段は行くことのない地域なので、スマホで地図を見ながら徒歩で向かうと、本当にこの道かと不安になるような細い路地に入っていった。

入り込んだのは昭和の雰囲気が床しい住宅地で、あちこちに棕櫚《しゅろ》の木が生えているのが印象的だったという。


地図通りに歩いて行くと、狭い路地で子供たちが焚き火を囲んでいる。

今時、珍しいなと思った。

レトロな光景はいいのだが、こんな狭い道で焚き火を囲まれては通れない。

通してもらうついでに店の場所を訊ねてみようと近づいていった。

「ぼくたち、ちょっといいかな」

焚き火を囲んでいた子供たちが一斉に牛川さんに向いた。

「ごめんね。このへんでさ——」

ギョッとして、次に出す言葉が詰まった。

焚き火の中にエプロン姿の女の人がくべられているのである。

髪は焼けて縮れ上がり、顔の皮膚が溶けてピザのチーズみたいになっている。

——というのは見間違いだったようで、よく見るとそれは粗雑な人形だった。

縮れ上がった髪も、チーズのようになった皮膚も、もうそこにはない。布を紐やガムテープで乱暴に括って無理やり人の形にしている。群青色のエプロンをつけ、その端に縫いつけられている犬のアップリケが妙に哀しい。

「○○ってゲーム屋さんの場所知ってる？　教えて欲しいんだけど」

「しまってるよ」

女の子が答えた。

「しまってるって、もう閉店時間ってこと？　潰れてはいないよね？」

パキ、パキ、パキ。

女の子が答えるタイミングで激しく爆《は》ぜ、牛川さんを見ていた子供たちが一斉に焚き火に向き直った。

人形が熱そうに身をよじっている。

生きている人が焼かれているように必死で、生々しい動きだった。子供たちはそれを夢中になって見ている。

「これ、本当に、本当に人形なんだよね？」

不安になった牛川さんは子供たちに何度も訊ねた。子供たちはなぜか爆笑していた。

家に帰ってからも、考えれば考えるほど、焚き火にくべられていたのは、やっぱり人だったような気がしてならず、ずっと落ち着かない心持ちであった。

数日後、思い切って例の住宅地に行ってみたが、あの時に感じた昭和的な懐かしさはまったく感じなかったそうだ。

以上、四年前の冬のことだという。

# 白いもの

あれは不思議だったと織田さんはいう。

諸々、記憶が定かでないが、肝心な部分ははっきりとしているからと語ってくれた。

その日は何用があったか、バスに乗っていた。

普段は乗らないものだから、何か特別な理由があったのだろうという。

ぼんやり窓から外を見ていると、後方から白い風呂敷のようなものが追いついてきて、バスと並走しだした。

風に巻き込まれたビニールかと思って見ていたが、そんな動きではない。蛸《たこ》やクラゲの皮膜のように、ふわりふわりとした優雅な動きをしている。

なんだろうと見ていると、それは急に窓に触れそうな距離まで近寄ってきた。

よく見ると白いものには文字のようなものがある。

白いものが波打っているため、字が浮いたり凹《へこ》んだりして読むことは難しかった。

「なにこれ」

隣に座っている小さい女の子も窓の外のものを見ている。

通路を挟んだ席に座る母親らしき女性も窓の方を見ていた。

「お、お……め？」

女の子が隣から身を乗り出し、窓の近くにある白いものの文字を読もうとしている。

この子が読めるなら平仮名なのかと、織田さんも解読を試みるが、波打つ字が平仮名であるということさえもわからない。

「あー、わかったよ」

すべて読めたのか、女の子の声が聞き覚えのない言葉を早口でいった。

すごいねぇといって隣を向くと、車にでも酔ったのか女の子は顔を土色にしており、目が潤んでいる。

バスが停車し、女の子と母親が一緒に中央降り口から降りた。

降りてすぐの場所で女の子が立ったまま吐いてしまい、そこでドアが閉まってバスは発進した。

「あの子、しんじゃうよたぶん」

後ろの席から中年女性の声がした。独り言か、誰かへ向けた言葉かはわからないが、こう続けた。

「あんなもの、ぜったい声に出して読んじゃだめでしょうに」

三十年以上前の話だというが、いまだにあれがなんだったのか知りたいそうだ。

# シナボウズ

リナさんが交際中の彼氏は寝言がひどい。

普通に会話ができてしまうレベルで、受け答えもちゃんとするし、それほど辻褄《つじつま》のあわないこともいわない。声だけ聞いていれば起きているようにしか思えないそうだ。

二年前、勤め先の移動で特殊免許が必要になり、リナさんは試験前日の夜中まで予習をしていた。忙しくて勉強がまったくできなかったので、一夜漬けであったという。

覚える用語がたくさんあるのにまったく頭に入ってこず、かなりイラついていた。

そんな時、後ろのベッドで先に寝ていた彼氏がリナさんの名を呼んだ。

寝ぼけている時の感じだったので、いつもの寝言かと返事をしないでいたら、何度も呼びかけてくる。

「はいはい、なに？」

「シナボウズってあるでしょ」

知らない、とぶっきらぼうに返した。

「おかしいな、有名な玩具だよ？」

リナならしらないはずはないんだけど、と不思議がる。

「しらないよ、つーか玩具に興味ないし。勉強中だからまた明日ね」

「明日じゃだめなんだって」

こっちのほうが大切なんだよという。

喋り方がしゃきしゃきとしてきたので起きているのかとベッドに向くと、彼氏は目を閉じて、表情は弛緩している。いつも見ている完全なる寝顔である。

しばらく沈黙が続いたので、やっとおとなしくなったかと勉強に戻ろうとすると、

「シナボウズじゃなかった」と再び喋りだす。

ある文豪の名をいって、その作家の本に出てくるものだと説明しだす。

本を読むような人ではないので、その作家の名前が出てきたことが意外だった。

「思い出せないんだよなあ、なんだっけ、それのせいで今、大変なのに」

この日の寝言はいつもと違うのでちょっと面白そうなのだが、明日のことを考えると遊んではいられない。早々にこの会話を終わらせなければと思った。

「なんかよくわかんないけど、今忙しいから思い出したら話しかけて」

一緒に考えてくれという。

「無理」

「そんなことといってると、オレ死んじゃうって」

死なない、死なない、と軽くあしらって勉強に意識を向ける。

それからピタリと静かになったので、ようやく集中できると思っていたら、ひっく、ひっく。

今度はシャックリをしだした。

寝ながらシャックリなんて器用な人だと笑っていると、
ひっく……ひっ……ひゅ……かっ……。

シャックリから変な呼吸へと変わったので彼氏を見ると、顔を真っ赤にして自分の首を両手で押さえ、ベッドの上でのけぞっている。

「ちょっと！　ねえっ、どうしたの？　苦しいの？」

彼氏が首を激しく縦に振るので、救急車を呼ぼうとスマホを掴むと、そのスマホに電話がかかってきた。

たった今、ベッドで苦しんでいるはずの彼氏からだった。

電話には出ずにベッドを振り返ると、そこにはリナさんが飼っている黒猫が横たわっていた。

口から吐瀉物《としゃぶつ》を吐いて、絶命していたという。

# らいおんがいる

十二年前のことは、まだ亜美さんの中で不気味な靄として残っているという。

年長さんの息子が唐突に、「じいじの家にライオンがいる」といってきたことがあった。

「へぇ、じいじの家に行ったんだ、いいなあ、ママも行きたい」

じいじとは義父のことで、亜美さんの父親と区別するためにそう呼ばせていた。

義父の家は新潟にあり、息子はまだ二度しか行ったことがない。夢を見たんだろうなと思っていた。

「じいじはライオンとなにしてたの？」

「じいじ、食べられちゃった」

「え、食べられちゃったの？　あららら、もうちょっとがんばってー」

その日の午後、息子を迎えに行こうと準備していた時に電話があった。

義父の家が火事になった、と。

家は全焼し、義父だけが亡くなっていた。

ひと月が慌ただしく過ぎ、少しだけ落ち着いてきた頃だった。

幼稚園の先生から、二カ月前に息子が描いたという絵を返された。

しばらく玄関に展示されていたので、返すのが遅れてしまったのだという。

そこには、ライオンと、眼鏡をかけて灰色の服を着た人が描かれていた。

ひと目で、灰色の人は義父だとわかった。

ライオンはグラデーションの鮮やかな、炎のようなたてがみだったという。

# バッグ

ＰＡＬ氏は軍装品コレクターである。

とくに軍服研究に熱意を抱いており、実物・レプリカを問わず蒐集している。ディープなコレクターになると蒐集にかかるのと同じくらいコレクションの保管環境にコストをかけると聞くが、ＰＡＬ氏もコレクションを安全に保管するために一戸建ての家を購入している。

これはその家のコレクションルームで起こったことだという。

問題の部屋は家の三階にある。

部屋の中ではいちばん広いスペースをとられており、贅沢な収納環境を使って希少な軍服を多数保管・展示している。

そこでは頻繁に奇妙なことが起こっていた。

「その部屋だけ、なぜか照明が短命なんです」

コレクションの整理や撮影をしていると、かなりの確率で室内が暗くなる。停電ではなく、照明の電球が突然切れるのである。

とくによく切れるのは主照明のシーリングライトで、次はクローゼットの中の蛍光灯と壁に取り付けられたスポットライト。

いずれも通常なら数カ月はもつものだが、この部屋に取り付けられたものは二週間ももたないのである。

興味深いのは照明の切れ方にいくつかパターンがあることで、激しく明滅してから切れることもあれば、なんの予兆もなく突然切れることもある。

レアなパターンは交換した当日に、電球や蛍光灯が原因不明の破裂を起こす。いちばん多いのは、パシッ、パシッと平手打ちのような音が二回から四回鳴ってから切れるパターンである。

最初は接触の問題だと思っていたそうだが、他の部屋と比べてコレクションルームだけ電球・蛍光灯の消費量が異常なことになっていき、さすがに無視はできなくなった。


このことを知人に相談すると、それはラップ音やポルターガイストだといわれた。

つまり、霊的な現象だというのである。

その手のことに知見のないPAL氏がどうしたものかと困り果てていると、知人は助け舟を出してくれた。

「よかったら、知り合いの占い師を紹介しようか？　本職の占いより、そっち系のほうが知られてる人だから」

どうにも胡散《うさん》臭いものを感じたPAL氏はその申し出を断り、自分で何とかしてみるよといった。


その後、PAL氏はコレクションルームの照明をすべて取り外した。

明かりがなければ、暗くされることもない。

念のため、部屋の四隅に塩を盛り、線香も焚いてみた。しかし、翌日になると塩や線香の灰が床にぶちまけられている。

中途半端な霊対策で刺激をしてしまったのか、その夜はずっと上から子供の走り回るような音が聞こえてきた。

その後、コレクションルームの空気があからさまに重たくなり、闇の中を素早く動き回る気配がある。ライトを向けると光の帯の中を一瞬、何かの影が横切る。

部屋に入った途端、複数の衣擦れが遠退いていったこともあった。

確実に何かがいることを知ったPAL氏は、やはり占い師を紹介してもらうことにした。

「あなたの蒐集している物に要因があります」

占い師の女性によると衣料品は人の想いが染みつき、霊的な依代《よりしろ》になりやすいという。

中でも生死に関わりのある軍服は危険度がひじょうに高く、そんなものが一ヵ所にこれだけ集まっていれば何も起こらないほうが不思議だといわれた。

「すべて手放すことをすすめられましたよ。それをしたくないから相談してるのに、話にならんとおもいましたね」

しかたがなく、ＰＡＬ氏は霊現象を受け入れることにしたのだという。

幸いというべきか、足音のような騒がしい現象は塩や線香を置いた時に起きただけで、その後はなかった。影がちらちら見える程度なら、無視でやり過ごせると思ったのだ。

すべての照明を外してから、半月ほど経った夜だった。。

イベントで展示する軍服を選ぶため、ライト片手に暗いコレクションルームに入った。

床に黒いものがたくさん横たわっている。

なんだろうとライトを向けたＰＡＬ氏は、すぐに扉を閉めて引き返したという。

「さすがにこれは、もうだめだと思いましたね」

床に寝かされていた黒いものは、すべて死体袋だったという。

# これなあに

栄子さんの勤める営業所の給湯室には、小さな女の子がいる。

住んでいる、と書いてしまってもいいだろう。

戸棚とシンクの間の僅かなスペースのあるあたりから、とてとてと歩きながら現れる。

背は小学生の高学年くらいで黒髪のオカッパ頭。顔つきはもっと幼い。服らしくない、白くてひらひらとした布で身体を包んでおり、裸足《はだし》である。

現れるとすぐに両手で器を作り、それを大人の目の高さまで掲げてくる。

はじめの頃は、何かを見せようとしているのだと思っていたが、手の器の中には何も入っていない。

だから、どんな反応をしてあげたらいいのか、わからないのだそうだ。

この女の子は栄子さんにしか見えておらず、それをいいことに、栄子さん以外の人がいる時でも平気で現れる。

「そういうときは、どっちも相手しなきゃいけないから大変なんです」

相手といっても、こちらからやれることは何もない。

栄子さんは見えるだけなので、何かを期待されても困るし、こうして空っぽの手を何度も見せられるのも実は困っていたのである。

どういう心境だったのか忘れてしまったそうだが、一度だけ、話しかけてみたことがあるという。

ある朝、とてとてと、いつものように手で作った器を見せてきたので、

「ねえ、これなあに？　なにを見せたいの？」

外に声が漏れぬよう、囁くように聞いてみた。

すると女の子は表情も曇らせ、口を動かして何かを言った。声は出ていない。ちょうだい。

そういっているように見えた。

この手は見せようとしていたのではなく、何かを欲しがっていたのかもしれない。

「おねえさん、あなたにあげられるものはないの」

ごめんねと女の子の手に触れて、驚いた。

温かかった。

自分は大きな思い違いをしていたと、栄子さんはいう。

「幽霊じゃなかったんです。あの子は死んでいる子じゃない。今もどこかで生きている子なんです」

手の温みと感触が、血の通っている子供のものだったという。

女の子はいったい、どのような存在なのか。

知りたいような、知るのが怖いような、不思議な心持ちであるという。

# ねしゃか

ここ一、二年、金縛り体験を集めた本を作りたいとあちこちで発信している私だが、これはそうして集めた中の変わり種の金縛りである。

四年前に山下さんは職を失い、しばらくは貯金を切り崩しながら無職生活を続けていた。

つらかったラッシュ時の通勤電車からも解放され、好きな時間に寝て、好きな時間に起き、好きな時間に食べるといった、自分でも呆れるほどの自堕落な生活を送っていたという。

そんなある日の午後。

昼食を食べてから横になってテレビを見ていると、ウトウトしてきた。

今までに味わったことのないくらい気持ちの良い眠気だった。温かい泥に包まれているようで、何もかもがどうでもよくなっていく。

ベッドに移動するのも億劫になり、身体を横に向け、片手で頭を支えた寝釈迦の姿勢のまま、午睡に突入した。


どれぐらい時間が経ったのか、山下さんは物音で目が覚めた。

ガチャガチャ、ガチャガチャ
とても、騒々しい。

起き上がろうとするが身体が動かない。目だけは自由に動く。

そこで状況が掴めてきた。自分は今、金縛りにあっている。

しかも、寝釈迦《ねしゃか》の姿勢のままで。

昔から金縛りにあいやすい体質なので、今さら焦ることもない。今回は珍しい入り方だが、そのうち解けるだろうと気楽にその時を待っていた。

それにしても、いつまでもガチャガチャうるさい。どうやら玄関でドアを開けようと、必死にノブを回しているらしい。鍵がかかっているのをわかっていて、あんなにうるさくノブを回す人がいるわけはないから、あれも夢と現実の狭間で聞いている幻聴なのだろう。

そんなことを考えていると、今度は視界がゆっくりと下がっていく。

どんどん、どんどん下がっていき、床に身体が沈んでいくような、これもまた奇妙な感覚であった。

すぐそばにＤＶＤデッキを収納したテレビ台があり、その硝子戸に自分が映っている。

寝釈迦の姿勢は変わらないが、頭を支えている手がこめかみのあたりから中に入りこんでしまっている。自分の頭が粘土にでもなったように、ずぶずぶと腕が入っていくのである。

どんどん入っていって手首から先がすっぽりと頭の中に埋まり、さらに入っていくと突き抜けた指が反対のこめかみの辺りでぴこぴこと動いている。

すごいもんだなぁと呑気に感心しながら見ていると、頭を完全に突き抜けた手首から先が、硝子越しに山下さんのほうへ向いて、手招きをするようにカクンと垂れた。

節くれだった細い指、伸びた爪。欠けた薬指。

自分の手ではなかったという。


それから半年ほど経って、山下さん宅に泊まりに来た友人もこれとまったく同じ体験をしている。その友人に自身の体験を話したことはないという。

ただの金縛りではないようなので気にはなるのだが、その後、山下さんと友人に大きな病気や事故などの凶事もなく、体験したのもそれぞれ一度きりなので、検証しようにもどうしていいかわからないのだそうだ。

# おに

昨年末、浩美さんのお宅でこんなことがあったという。

突然、隣に住む女性が家を訪ねてきて、わたしの孫ですと赤ん坊を見せにきた。

生後三カ月の男の子だそうで、もう真っ黒な髪の毛がしっかりと生えている。

ぜひ皆さんに見て欲しいんですというので、浩美さんは家にいた母親と祖母も玄関に呼びだし、おとなりさんの孫だよと教えた。

母親も祖母も作った笑いを浮かべながら、「アラかわいい」「天使みたい」と、とって付けたような褒め言葉を並べ立てる。

「うちの娘にそっくりでしょう?」

そう聞かれて、浩美さんたちは返答に困った。

おとなりさんに娘がいることを知らなかったからだ。それどころか、ずっと独り身だと思っていた。

この人とそういう話は一度もしたことがなかったし、そういう話をする仲でもない。一歩間違えば、近隣トラブルの相手である。

家の外観、本人の風貌、性格、普段の言動などから彼女がまともではないことは明らかであり周知のことで、騒音おばさんやゴミ屋敷の住人になる一歩手前、そしてそれ以上のモンスターになる可能性が充分にある危険人物であった。

普段からそういう目で見ていたから、当然、結婚などしているわけがないと思っていた。

「かわいいでしょう、ほら、かわいいでしょう」

すごくかわいいでしょうと赤ん坊を見せてくる。

確かにかわいくないことはない。でもさすがに彼女の孫で、やはりちょっと変わっている。赤ん坊の仕事である泣くということをさっきからぜんぜんしない。それに、ベロベロバーやイナイイナイバーをしてもまったく表情を変えなかった。

初めて会う浩美さんたちにもまったくの無関心で、ずっとぼんやりとした表情でどこかを見つめていた。

「どーこ見てるのかなー？」

浩美さんがホッペをつつくと、「ちょっとやめて！」とおとなりさんに手を払われる。

「あ……ごめんなさい」

「まだデリケートなんだから、気をつけてよ！」

浩美さんは二度と触るかと思いながら「すいません」と頭を下げた。


おとなりさんはなかなか帰らなかった。
二、三分ほど世間話をしてそれで帰るのかと思っていたら、他に用でもあるのか、最近は台風が多いとか、だれだれさんが犬を飼い始めたとか、家の庭の木が邪魔で伐りたいんだとか、とりとめのない話をしだす。別に今、しなければならない話は一つもない。
「そろそろ、赤ちゃん眠いんじゃないですか？」

祖母が早く返そうと頑張るが「でも、ここが落ち着くみたい」と居座ろうとする。そして、今年は台風が多くて大変だとか、だれだれが犬を飼ったとか、さっきも聞いたような話をしだすので、母親も祖母も困りきった顔でチラチラと浩美さんを見てきた。

おとなりさんは、まるで時間稼ぎをしたいかのようにどうでもいい話を繰り返し、なんとかこの場に留まろうとしていた。ここでは主役であるはずの赤ん坊も、さっきからずっと一点を見つめたままであった。

——この子は、さっきから何をじっと見ているんだろう。

そんなに赤ん坊の注意を引くものがあるのかとその視線を辿ると、玄関前の廊下の天井に、描いたような赤い丸がある。ピンクに近い赤色で、テニスボールくらいの大きさがある。

あんなものがあったかなと思いながら見ていると、

へけゃけゃ、へけゃけゃ

赤ん坊が急に笑いだした。

するとおとなりさんは思い出したように、

「それじゃ、忙しいところごめんなさいね」

そういって、いそいそと帰っていった。

浩美さんが天井を見ると、さっきまであった赤い丸は消えていた。


ほどなくして、浩美さんの祖母は認知症になってしまった。

いるはずのないものが視えるようになってしまい、いつも何かに怯えてビクビクとしている。ひどいと、何かから逃げて家中を走り回ることもあった。

とくに怖がっているのは玄関で、上を見ながら「あっちいけ、あっちいけ」と何かを手で追い払うような仕草をする。

祖母が見上げている廊下の天井は、例の赤い丸があった場所である。

そこに何がいるのと祖母に聞くと、たった一言、

「おに」

そう答えたそうだ。

# もらうぞ

二十代後半の頃だという。

その日はムシャクシャしたことがあり、奥田さんは気晴らしにと友人を誘ってパチンコへ行った。

結果は二人とも惨敗。友人はマイナス一万、奥田さんはマイナス二万だった。気晴らしどころか、さらにムシャクシャが増してしまったので、もう帰ろうということになった。

苛々《いらいら》のやり場もないまま線路沿いの道を二人でぷらぷら歩いていると、いきなり友人が小走りした——かと思うと、「うえーい！」と馬鹿っぽい声をあげながら路上で寝ている爺さんの頭をサッカーボールのように蹴り飛ばした。

突然の奇行にびっくりした奥田さんは、慌てて友人をそばの細い路地に突っ込み、目撃者はいないかとあたりをうかがった。誰もいないことを確認すると、「なにしてんだよ！」と友人を怒鳴りつけた。

「おまえ馬鹿じゃないの、なにしてんのいきなり」

友人はきょとんとした顔をする。どうして怒っているのかわからないという顔だ。

「オレ、なんかまずいことした？」

その態度にムカついた奥田さんは質問には答えず、路地の入口の陰からそっと、老人が寝ていたあたりを覗く。もう爺さんの姿はなかった。交番に行ったのかもしれない。

逮捕の二文字が目の前に浮かぶ。

どうしてあんな真似をしたのかと問い詰めると友人は大きくかぶりを振って、そんなことはしていないという。蹴ったのは落ちていた風船だと。

「はあ？　なにそのいいわけ。ねぇよ、風船なんか」

「じゃあ来いよ」

そういって友人はスタスタと路地から通りへ出ていった。

なぜそんなに堂々とできるのかが不思議だ。今出ていったら爺さんが呼びに行った警察と出くわすかもしれないのに。

行ってしまったのでしかたなく後を追うと、友人はさっき爺さんが寝ていた場所に立っている。

「どっかいっちまったよ、風船。飛んでっちゃったかな」

冷静になった奥田さんは、友人が嘘をついていないとわかった。

道の左側は線路で、歩道との間に緑色の金網フェンスがある。もし、自分がさっき見たように爺さんが道で寝ていたのなら、金網の下に身体が通るくらいの破れ目があって、そこに半身を突っ込まなければならない。でも、金網にはそんなに大きな破れ目は見当たらない。

爺さんがいるはずはないのだから、友人が爺さんを蹴れるわけがない。

「ごめん、かん違いしてた」

友人にしっかり謝り、詫び代わりに牛めしを奢ってその日は帰宅した。

そんなことも忘れていた数日後の夜。

自宅でテレビを見ていると別の友人から電話があった。

あの時、パチンコへ一緒に行った友人が、働いている工場のプレス機に挟まれた。

同じ工場に勤めている共通の友人から聞いたという。

かなりの重傷らしく、もしかしたら命も危ない。たぶん足は切断だろうという。

呆然としながら電話を切り、あいつこれからどうするんだよと友人の今後の人生を心配していると、視界の隅でフワッと何かが上がっていくのが見えた。

すぐに目を向けたが、何もない。

風船みたいだったなと思った瞬間、ぞくりとした。

友人が蹴ったという風船のことを思い出したのである。

さっき何かが上がっていったあたりの天井を見る。

「俺は知らないからな」

蹴ってないからな。
誰も聞いていないと知りながら、身の潔白を伝えておいた。
すると、ミキミキと何かが軋むような音が聞こえ、
「もらうぞ」
頭の真上から、しゃがれた男の声がした。
ぎゅううううっと身が縮み上がり、部屋にはいられなくなって家を飛び出した。
駅近くの漫画喫茶に飛び込むと、個室ではなく漫画棚の前のソファでひと呼吸つく。
《もらうぞ》って、そういうことか。
蹴った友人から足を「もらう」なら、自分からは何を「もらう」つもりだろう。

それから八年経つが、今のところ奥田さんは身体のどこにも異常はない。
あの時の「もらうぞ」は、事故の五日後に亡くなった友人のことではないか。
今更、そんなことを考えるという。

# 眼

愛犬のポロが亡くなって半年ほど経った、ある晩のことだという。

祐美さんの住む部屋の中で突然、寂しそうな犬の声が聞こえだした。

懐かしかった。

仕事に行く時、玄関でお見送りしてくれるポロの「ほんとにいっちゃうの?」と問われているような声である。

会いに来てくれたのかと思うと、涙がぽろぽろと止まらなくなった。

「ありがと。でも姿も見せて欲しいな」

そういってDVDラックの上に目を向ける。そこには、まだ子犬だった頃のポロの写真と、お骨の入った小さな陶器の入れ物がある。

ポロの幽霊ならぜんぜんこわくないからさ、と笑いかけると、
「ホントウニ？」
倍速再生のような声がした。
「えっ」と見回すと、エアコンの横に柴犬の首が浮いている。
祐美さんを見下ろすその眼には、主人を懐かしむ潤《うる》みも、寂しそうな切ない色もない。
作り物のような、感情の欠片《かけら》も見当たらない眼だった。
当然だ。こんな犬を祐美さんは知らない。
ポロはミニチュア・ダックスだったのだ。

# 茶色い葉書

良二さんは処分すべきか悩んでいるものがある。

それは母親の使っている部屋の押入れから出てきた。

中元などでもらうことの多い、海苔やクッキーの缶箱に入っている大量の手紙や葉書である。

父親が筆まめであったこともあって文書を通じた交流が多かったようで、こういう缶箱の入った段ボール箱が六箱も出てきた。

父親しかわからないであろう名前も多いので処分してしまってもいいのだが、送った相手のこともあるので捨ててしまっていいものか悩ましい。

そうした中の一枚に、奇妙な葉書があった。

濃淡のある茶色の染みが大きく広がっており、その中央に達筆でこう書かれている。

『貴方に捧ぐ　一九六四　晩夏』

差出人は男である。

母親に見せて、知っている人かと聞くと、

「その人ねぇ、知ってるっていっていいのかどうか」

そういって困った顔をした。この葉書が届いた経緯を知っているようであった。

差出人の男は父親の古い友人らしく、ずいぶん前に家を訪ねてきたこともある。たった一度だけなので顔は覚えていないそうだが、母親も会っていた。

卑屈に見えてしまうくらいぺこぺこと頭を下げる腰の低い人で、言葉遣いも丁寧過ぎて聞きづらく、お追従が甚《はなは》だしい。少なくとも母親はあまりよい印象は持たなかった。

父親を訊ねてきたのは金を無心するためだった。

うちも色々カツカツなんだよと断られても、そこをなんとか頼みますと額を床にこすり付ける。根負けした父親は十数万が入った封筒を渡したのだそうだ。

それからその男性からは毎年、中元が届くようになった。高いものではないが、父親は「ああ見えて義理堅い男なんだよ」と喜んでいたという。

しかし、ある年から中元は届かなくなり、かわりに葉書が来るようになった。

そこには、いまだ借りた金を返せない自分が情けないということが書かれており、最後は必ず、いついつに金が入る予定があるから、その時は色を付けてお返ししたいと書いてしめくくっていた。

しかし、返済の日はなかなかやってこなかった。

父親も返ってくると思って貸してはいなかったそうだが、相手は見苦しいくらいに毎年、言い訳めいた葉書を寄越してくるので少々苛立っていたという。

そんな父親にガンが見つかり、入院することになった時も彼から家に葉書が届いた。

『突然のことで驚きました。奥様のご不安はいかばかりかとお察しいたします』

そんな気遣いの言葉を入れながらも、後半はいつものように金を返せない自分への自責を綴っていた。父親もまめに病院で返事を書いていたという。

日を追うごとに父親は衰えていき、いつその時を迎えてもおかしくないと先生にいわれていた。

そのぐらいの時期から、家に届く葉書や手紙の量が増えていった。死期を悟った父親が、これまで世話になった人へ御礼の言葉を送っていたため、その分の返事が届いたのである。

届く葉書の中には当然あの男からのものもあるのだが、この頃になると同日に二通も三通も書いて投函しているようで、そちらもたいへんな数になっていた。

『その後のご経過はいかがですか』

『機会を見てお見舞いにうかがいたいと思って』

『御子息もその日が来るのを心待ちにされて』

『本当に心配で心配で夜も眠れず』

『できることなら私がかわってさしあげたい』

『貴方の痛みの一部でも私がもらって』

『こんな命でよければ』

父親の衰えが進むとともに、届く葉書の内容まで日に日に病的になっていく。

母親は葉書から危険な臭いを感じとっていたという。

「だんだんこわくなってきちゃってね」

読むだけで心の病みそうな葉書が届いた時は、病院には持っていかず、こっそり母親が捨ててしまっていた。


昭和三十九年の夏、良二さんの父親はとうとう力尽きた。

その日、家にはまた、あの男からの葉書が届いていた。

良二さんの見つけた例の一枚である。

『貴方に捧ぐ　一九六四　晩夏』

母はその手紙を見て、腰が砕けたようにその場に座り込んでしまい、しばらく立てなかったという。

葉書は赤茶色に染まってまだ湿っており、なんともいえぬ臭いを纏《まと》っていた。

明らかに血であるとわかったそうである。

これだけ出ていれば、無事では済まない。

友人の命を救いたいという念の重みを感じ、それまでの葉書に書かれていた自責や謝罪、約束などは決して偽りの軽い言葉ではなかったのだと知った。

だから、この葉書だけは捨てたくとも捨てることができなかったのだと母はいう。

それから幾日か経って、寝室の押入れから囁き声が聞こえてきたという。

そこにはあの葉書をしまっていた。

囁きはやがて、むせび泣くような声に変わり、聞こえなくなったのだそうだ。

この時、良二さんの母親は、葉書の男も死んでいるという確信を持ったのだという。

# 怨霊

「それって怪談なのかってつっこまれたら困るんですけど」

現在、二児の母であるユリコさんが十代の頃に体験したことである。

当時、ユリコさんは十五歳年上の男性とマンションで同棲をしていた。

この男性がとても几帳面な性格で、時間に煩《うるさ》く待ち合わせに一分でも遅れると機嫌が悪くなり、何をするにもプランを作ってその通りに実行せねば気が済まず、洗ったタオルはきちんと角と角を揃えて畳まないと許せない、そういうちょっと疲れる人だった。

まだ十代だったユリコさんにとって、そういうところも年上の魅力として映っているところもあったそうだ。

そんな彼は毎日、日記をつけていあった。

書いているところは見たことがないが、本人の口から書いてると聞いたことがあた。


こういう人が書く日記は、日常をどこまで詳細に記録しているのかと気になった。

いつか、機会があればこっそり見てやろうと思っていたという。

そして、そのチャンスは唐突に来た。

日記の書かれたノートを寝室に忘れて仕事に行くという、彼らしからぬミスが発生したのである。

寝室に置き忘れていたのは一冊の大学ノート。毎日つけているのだから、これは何十冊目のノートなのだろう。

読んだと知ったら激怒するだろうが、大事な日記を置き忘れるほうが悪い。

さてさて、どんな秘密が書かれているのか。

しかし、この日記の中身というのが、どのテレビ番組を見た、何時に起きた、風呂に入った、何を食べたなど、日常のどうでもいいことしか書かれていない。機械的な記録だけで、感情的なことは一切書かれておらず、面白いエピソードも一つもない。

浮気の証拠でも出てきたらどうしようとドキドキしながら読んでいたのに、とんだ肩透かしだったという。

気になったのは日記の中身よりもノートの端に書かれている、ゴゴゴゴ、ズンズンズン、ジュ・ジュ・ジュ・ジュなどの擬音語だった。

いずれも日記の内容とは関係がなさそうなのだが、どのページにも必ずなんらかの擬音語が書かれている。しかも、漫画のように擬音に合った文字のデザインまでしていた。

これはなんなのかと本人に聞いてみたかったが、大激怒されるのは怖いので、ノートはそっと元の場所に戻しておいたという。

翌朝、起きてリビングへ行くと、彼が不機嫌そうな顔でソファに座っている。

「話があるから座れ」と隣を叩く。

日記を読んだことがバレたんだと思った。

なんていってしらばっくれようかと考えていると、

「ユリコって霊は信じる人だっけ？」

「――え？」

ポカンとし、どういうことかと聞き返す。

「いや、霊が出るんだよ」

今住んでいるこのマンションの部屋に幽霊が出るのだという。

寝耳に水である。そんな話は初めて聞いた。

今朝の彼はいつもと様子が違っていた。落ち着きなく視線をあちこちに振って、呼吸も荒い。ふざけているようには見えなかった。

「幽霊って、それほんと？」

「うん。しかも幽霊じゃなくて怨霊なんだから、これはまずいって話だよ」

幽霊でも混乱しているのに、『怨霊』といわれても理解が追いつかない。

何かを見たのかとユリコさんが問うと、何も見ていないと答える。

「でもすごい音がするんだよ」

ここ一、二カ月、寝室でゴゴゴという地響きや、何かが焼けて爆ぜるような音が聞こえるのだという。それは霊が発している音らしい。

ユリコさんはすぐにピンときた。

「それって、日記に書いてたやつ？」

いってから、しまったと思った。

彼の表情が強張ったのがわかった。これは変に誤魔化《ごまか》すと後が面倒になりそうなので、ユリコさんは日記を読んでしまったことを正直に話した。

しかし、彼の反応は「そうなんだ」と意外にも軽い。

激しく怒られると覚悟していたので安堵すると、彼は「ちょっと待ってて」と勢いよく立ってその場を離れ、キッチンから包丁を持って戻ってきた。

ユリコさんは悲鳴をあげ、逃れようとしてソファから転げ落ちる。

「読んだのなら、もうなにをするか、わかってるってことだよね」

彼の話によると、すべての原因はユリコさんにあるという。ユリコさんは本人の知らないところで何人もの人に恨まれていて、その人たちの霊が今、この家に続々と集まってきているというのである。

「自分がなにをすべきか、ちゃんとわかってる？　ちゃんとあれを読んだ？」

完全に壊れている。このままでは殺されると思ったが、逃げたくとも腰が抜けて動けない。顔がくしゃくしゃになるまで泣いて、どうか殺さないでほしいと懇願した。

ズズズズ、ゴゴゴ
地響きのような音が聞こえてきた。

寝室のほうからだった。

すると彼は困惑に表情を曇らせ、ユリコさんと寝室のほうを交互に見る。

「あ、なんだ、そういうことか」

と、そこで合点がいったように頷いて、包丁をキッチンに戻しに行った。

戻ってきた彼は、すっかり怯えているユリコさんの頭を優しく撫でた。

「勘違いしてた。オレ、おかしくなったわけじゃないから。帰ったらちゃんと事情は話すよ」

そういって彼は仕事へ行ったという。

しばらく呆然としていたが、さっきまでのやり取りを思い出したら足がガタガタと震えだして止まらなくなり、とてもじゃないが彼の帰りを待つことなんてできなかった。

友人に電話で今あったことを話すと「すぐに逃げたほうがいい」といわれた。

ユリコさんは友人の警告に従い、その日のうちに荷物をまとめてマンションを出た。

「それからしばらく、友達の家に住ませてもらってました。その間も彼があちこちに顔を出して私を探してるって話を耳にして、もう怖くて怖くて」

あの家に怨霊はいたのかもしれないが、彼のほうが怨霊よりもおそろしかったという。

# こまりますよ

当時、専門学校の講師をしていた井上さんの金縛り体験である。
その夜は自宅で課題の採点をしていた。
それが、最後の記憶だという。

じりりりりん、じりりりりん
けたたましい電話のベル音で目が覚めた井上さんは、なぜか玄関にいた。
起きあがろうにも身体がガチガチに堅く、指一本も動かせない。
自分が金縛りに遭っているのだとわかった。
どうしてこんなことになっているのか――。

両脚を玄関ドアのほうに向け、両腕を万歳のように上げた仰向け状態である。

シャツが胸元までめくれあがっており、背中の肌が直に床に付いて冷たかった。

まるで、玄関まで引きずられていた途中のような態勢である。

もし、あの電話で目覚めなかったら、どこへ連れていかれたのかと怖くなった。

それまで金縛りらしい金縛りというものを井上さんは経験していなかった。金縛りでこんな状況になったという話も聞いたことがないので、今、自分の置かれている状況が本当に金縛りというものであるのかどうかもわからない。

そんな状態の中、井上さんは奇妙な点に気づいた。

最初に聞いた、あの電話の音である。

——あれは昔の黒い電話とかで聞く音じゃないか？

井上さんの家の電話はプッシュホンである。そういう音が鳴る設定も入れていない。

夢を見ているのかというくらいの不条理の連続。

実際、すべて夢なのかもしれない、そう思い始めた時——。

「コマリマスヨ」

玄関に甲高い女の声が響き渡った。

ここにきて初めて、なんらかの意味を成しそうな現象であった。

そして、夢を否定するような生々しく不吉な声質だった。

「コマリマスヨ」

同じ言葉が機械的に繰り返される。

不安を誘われる声だった。今はこれが誰の声で、どこから発されているのかより、なにを意味しているかのほうが気になってしまう。

『困りますよ』のイントネーションではない。

何度も聞いていると『こまり・ますよ』という冗談のような人名に聞こえる。

結局、この声も一連の不条理の一つに過ぎなかった。

――困っているのはこっちですよ。

いい加減、開放してくれと心の中で懇願すると、

「もしもーし！」

今度は明朗な男の声が聞こえた。

この声が聞こえた瞬間、井上さんは金縛りから解かれた。

「おーい」

声は自分が握りしめている携帯電話から聞こえる。

ゆっくり耳にそれを当てると、

「おい、だいじょうぶか、井上」

その声は井上さんの知人の男性だった。


その男性によると、このようなことが起こっていた。

井上さんと男性の共通の知人である女性が事故で亡くなった。

そのために井上さんに連絡したのだが、電話の途中で井上さんの声が聞こえなくなって、呼びかけにも応じなくなった。なにがあったのかと心配し、ずっと電話で声をかけ続けていたのだという。

そもそも、井上さんは男性からの電話を受けた記憶がない。

課題の採点をしていたのが最後の記憶である。

そのあとすぐに「コマリマスヨ」の声が、事故で亡くなった女性の声と似ていたことに気づいたという。、

# 通夜の晩

安西さんが小学生の頃の体験なので三十年以上前の話だが、かなり鮮明な記憶だという。

長患《ながわずら》いで入院していた祖父が亡くなった。

遺体は家に帰ってきて、祖父が普段使っていた畳部屋で布団に寝かされた。

「おじいさんな、この家で寝られるのは今日が最後だから、たまに会いに行ってあげてな」

父親にそういわれて素直に返事をしたけれど、そんなに行きたくはないなと思った。

そして、通夜の晩。

大人は大人たちでなにやら難しそうな話をしはじめ、忙しそうにしている。従弟たちは五つも歳が離れているので話は合わないし、日中の疲れが出たのか早い時間に寝てしまっていた。

安西さんは所在なさげに一人で祖父の家をうろうろしていたという。

ぼんやりとしながら歩いていたら、廊下に白いものが落ちている。

なにかな、と屈みこんで拾ってみると重たい布である。

ふと顔をあげると、すぐ近くに祖父の眠っている部屋がある。見ると祖父の顔に掛かっていたはずの布がないので、「あ、これがそうか」とわかったそうだ。

布は風で落ちるほど軽くはないし、窓も開いていなかった。

じゃあ、猫が落としたんだろう。

安西さんはそのように判断した。祖父の家ではずっと猫が飼われている。おじいさん猫なのによくイタズラをしたので、祖父が布団叩きでおケツをペシッとやっていた。

猫と遊んでやろうかな。

　これで安西さんに家の中から猫を探しだすという新たな目的ができた。

猫のいそうな場所を探してうろうろしていると、また廊下に白い布が落ちている。その近くには祖父の部屋があり、戻ってきてしまったのだと知った。

部屋の祖父を見ると、また顔に布をかけていない。

ちょっと気味が悪かった。

いくらおじいちゃんでも、もう生きていないのだから。死体なのだから。

もしかして、おじいちゃんのユウレイがやっているのかも。

そう考えたら途端に怖くなってきた安西さんは、大人たちが真面目な話をしている部屋へ飛び込むと、叔父さんや叔母さんたちに今あったことを話した。すると、

「寂しくて会いたがってるのかもな」

「おまえに構ってほしいんだよ」

そんなことが聞きたいわけじゃなかった。もっと、ちゃんと原因を究明して欲しかった。

それにもし、本当に祖父が自分に「会いたい」と思っているのなら、会いに来てしまうかもしれないし、それはすごく怖いことだった。

なにより、トイレに行くのにあの廊下を通らなければならないのが、すごくいやだ。

夜が更けていき、大人の人たちもぽつぽつと眠りだした。

安西さんはなぜか目が冴えて眠れなかった。

大人たちが全員寝てしまってから一人で寝るのは怖いし、ずっと起きているとおしっこがしたくなるので、本当はさっさと眠りたかったのだが、なぜだか眠気が来てくれない。

そうこうしているうちに、おしっこに行きたくなってしまった。

こわごわと、さっきの廊下を歩いていると――。

何も落ちていなかった。

ホッとして、トイレでしっかり用をたして戻ってくると、落ちている。

廊下に白い布が。

もう絶対に拾わないぞと心に決め、布を見ないようにして避けて通った。

「おーい！」

急に後ろから大声で呼びかけられ、驚いた安西さんはビクンとなった。

拾ってあげずに無視しようとした自分に、祖父が腹を立てているのだと思った。

すぐに白い布を拾って部屋に飛びこむと、祖父の顔に掛けようとした。

その顔はやさしくにっこりと笑っていた。


いい話ですねぇと素人臭い感想を私が口にすると、

「違うんです」

そんな話じゃありませんよ、黒さん。

祖父の部屋に寝かされてにっこり笑っていたのは、祖父ではない、まったくの別人だったという。

浅黒い顔の、髪を横分けにした見知らぬ人だったそうだ。

# 人間関係

毎年、冬美さんの命日には誕生日パーティーをすることになっている。

彼女が自分の誕生日に自ら命を絶ってしまったからである。

「五年前です。人間関係がうまくいってなかったみたいで。本当ならみんなに祝ってもらえる嬉しい日のはずだったのに」

そんなの哀しいじゃないですかと姫さんはいう。

当初は一年に一度、彼女を偲ぼうというだけの集まりだったが、「湿っぽいのはつらくなるだけじゃない？」という誰かの意見で、それなら彼女が生まれたことを祝ってあげようということになったのだそうだ。

このお話しをしてくださった姫さんは今年の幹事である。

そして、〝怪異〟の現場となったパーティー会場は彼女の自宅であった。

「冬美ぃ、お誕生日——せーのっ」

おめでとう、とみんなの声が重なる。

「イエーイ」

ワインやシャンパンで乾杯し、クラッカーが鳴り響く。

ここまでが定例で、あとはみんなで好きなことをする。それが冬美さんのバースデーパーティーだった。

ここからは恋バナをしてもいいし、歌ってもいい。漫画を読んでもゲームしても、音楽やＤＶＤを流してもいい。寝てしまっても文句を言われない。飲んで、食べて、とにかく笑って、絶対ネガティブなことをいわない、それがルールだった。

だから、ここ何年は冬美さんの話題も出ない。

それは寂しいことのようだが、昔の話を何度も掘り返すよりは健全だと姫さんはいう。

言葉で冬美さんへの想いをわざわざ伝えなくとも、みんなが彼女を忘れるわけはないのだし、なによりこのパーティーは彼女のために毎年開かれている。彼女もみんなと一緒にいるはずなのだから、わいわい楽しんだほうが本人も喜ぶに決まってる、そんな想いで続けているのだそうだ。


「姫ぇー、おつまみ切れたー」

「あいよー」

姫さんは隣のキッチンへ行き、冷蔵庫の中を物色する。

「ねぇー、チーズくらいしかないけどいいー？」

今さっきまで隣の部屋から聞こえていた狂騒が突然、ピタリと止まった。

「ねぇー、聞いてるー？」

返事がない。話し声も聞こえない。水の中にいるように静かだった。

なんだろうと振り向くと、隣の部屋の入口が暗い。照明を消しているようだ。

――なにかのサプライズでも始まるのかな。

チーズを皿に盛って隣の部屋に運んでいくと、消灯された暗さの中に一本のキャンドルだけが灯っている。

三分の一残ったホールケーキに立てられた火は、その仄明るさで周りの闇を逆に濃密にしていた。

「ちょっとー、これなにー」

なるほど、これは自分に仕掛けられたホラー的サプライズだ。

そう察した姫さんは、少しだけ緊張する。

自分を怖がらせるため、闇の中で息を殺して忍び笑いをしているのだ。

それにしても衣擦れ一つさせず、まるで気配を感じさせないなんて、どれだけ本気なんだろうこの人たち。

いつ来るか、いつ来るかと待っているが、はじまる気配がまるでない。

「ねぇー、やるなら早くやって。間が持たないって。来るの来ないの？」

もうなんなのよ、と手探りでライトの紐を引いた。

白い光が闇を払うと――。

誰もいなかった。

テーブルには飲みかけのグラスや食べかけのチキン、そして、灰皿で煙をくゆらせる煙草。

「どこに隠れてるの？」

今度はかくれんぼかと、ベッドの下、バスルーム、ベランダを見るがどこにもいない。

荷物は残っているから、『みんな帰っちゃったドッキリ』でもなさそうだ。

このミステリーは解けそうもない。姫さんは降参してスマホから友人にかけた。


「もしもし」

友人が不機嫌そうな低い声で出た。

「今、どこにいるの？」

「――ファミレス」

「は？　なんで？　そこにみんなもいるの？」

姫さん以外の全員がいるという。

友人の口調からはまったく冗談の臭いがしない。自分の知らない間に何かが起きているのだと察した。

「ちょっとよくわかんないんだけど、なんでそういうことになってるの？」

「そっちが急にキレたんじゃん」

「え？」

話がまったく噛み合わない。

姫さんはおつまみの追加を頼まれてその準備をしていただけだ。それがどうしてキレたことになっているのか。

一から説明を求めると、友人は少しずつ事の次第を語りだした。

ふと気づくと、姫さんが部屋にいないことに気づいたのだという。

寝ちゃったのかなとベッドを見ても姿がない。

どこにいったのかとみんなに訊ねると、おつまみをとってくるとキッチンへ行ったきり、戻ってこないという。

心配になってキッチンへ呼びかけると、姫さんは包丁を持って部屋に戻ってきた。冗談でもやめてというと、うるさいと叫ばれ、包丁を振り回しだしたので怖くなってみんなで家を飛び出した——そんなことがあったのだという。

「わたしがそんなことするわけないでしょ！」

「だよね……じゃあやっぱり」

冬美かな。

その声は震えているように聞こえた。

「——それどういう意味？」

「うちら、冬美のバースデーっていっても、あの子の話なんてぜんぜんしないじゃん？　そんなないがしろにするならもう、やらなくていいって、怒ってるのかも。それに」

「それに？」

包丁を持って戻ってきた姫さんは、顔が冬美さんにそっくりだったのだという。

「なによ、それ」

そんな馬鹿な話はないと思ったが、冬美さんの名前が出ると話がそっち側、つまり霊的なほうへと転がりだし、冬美さんにとり憑かれた被害者として姫さん自身の誤解は解けた。

「わたしたち、冬美のこと、もっと想ってあげないとダメね」

そういって、友人はパーティーを再開しようといった。


それから三十分後、みんなは姫さんの家に戻ってきた。

しかし、玄関で姫さんが出迎えると、

「冬美がいる！」

姫さんを見るみんなの表情は、まるで幽霊でも見たかのように凍りついていた。

誰かが叫ぶと一斉に玄関から外へと飛び出し、そのままみんな帰ってこなかった。

後日、彼女たちの彼氏や兄弟が姫さんの家を訪ね、友人たちの荷物を回収して帰っていったという。

それ以来、友人たちとは一度も口をきいていないそうだ。

「お友だち全員が嘘をついているってことはありませんか？」

ここまで姫さんの話をうかがった私は正直に思ったことを口にした。

そんなはずはないですと、姫さんは首を横に振った。

「嘘なんて。いくらなんでも、イタズラであそこまでしませんよ」

「いや、ですから、それはイタズラではなくて」

嫌がらせでは――。

私には冬美さんを利用した村八分の話にしか聞こえなかった。奇妙な現象はすべて友人側の一方的な発言の中にしかなかったからだ。

「ううん、あれは本当なんだと思う。だってみんな私のこと怖がってましたもん。それにもし、これが全部嘘なら」

怪談じゃなくなっちゃいますけど、いいんですか？

そういって姫さんは謎の笑みを浮かべる。

# あとがき

今年はぼくにとって、とてもよくない年です。大切なものをいくつも失った最悪の年です。

正直、そんな時にこうした死をテーマとした話ばかりを書きたくないなと思っていたのですが、すぐにそうではないんだと気づきました。

前にどこかで書いたかもしれませんが、ぼくはこの本に収録しているような話を百パーセント信じているわけではありません。嘘、創作だといいたいわけではなく、「わからない」に留めておきたいと思っているのです。だって、体験した本人でさえ、それが本当に起きたことなのか確信を持てないことが多いのですから。

「いる」「いない」なんて言い切れる所にぼくらはまだ到達していないんです。だから、これは絶対に霊だ、祟りだ、呪いだという断定のインクで怪談を書くことはできませんし、そんなものいるかとも書きません。

人には「そう見えてしまう、感じてしまう」時もあると思っています。光の玉を見て、いつもなら車のライトだとわかるのに、その時のコンディションによっては人魂だとおもってしまうかもしれません。いや、わかりませんよ。本当にそれは人魂なのかもしれない。でも、怪談において、そのあたりってあんまり重要ではない気もしているのです。真実を解き明かす必要はないし、解き明かすこともできません。まあ、解き明かせたらそれはそれで面白い展開なのですが。

ぼくも今年は、「あ、こういうことってホントにあるんだ」という体験を家族でしました。

まあ、霊的なことも含めての不思議なことです。それが気のせいなのか、思い込みなのか、妄想なのかなんてどうでもよくて、このタイミングでそう思えることが起きたということが重要でした。自分にとって特別な体験になったのですから、いいのかなと。

ぼくが怪談を書くのにはいくつかの理由があります。

まず、好きだから。これはしょうがない。昔から、キン消しとかおまけシールとか、集めても集めても集めきれないものが好きなんですよ。

それから仕事だから。この理由の割合はかなり大きいです。仕事だから真面目に大切に書くのです。今は金縛り体験だって、ぼくには大切なネタです。

そして、信じたいからです。

かっこつけてるみたいですけど、そういう感じのことではなく。

ぼくは多分、人一倍、「失う」ということが怖い人間なんだと思います。替えのきかないものを失ったとなったら、パニックになるのです。替えのきかないものって、本当にいろいろありますけど、ここでは命と、その人だけが持っている記憶としておきます。

人は死ぬと、失われて二度と戻ってこないといわれています。実際、いまのところそうです。それは、その人の中にある記憶まで失われるということです。その人が何にも記録していなければ、人に話していなければ、その記憶は命とともにこの世から完全消滅します。

それはとても寂しいことで、残念で、勿体ないことです。

でももし、ぼくが本で書いていることが、気のせいでも見間違いでもないのなら。そういう不思議な世界がどこかにあるのなら。ぼくらが一度失ったものと再会できる可能性があるんじゃないか、という希望に繋がるんです。

怪談に夢をもったっていいじゃないですか。

だからすみません。怖くないといわれたり、これは怪談じゃないといわれたりしても、ぼくはいろんな記録を続けます。なんか変なあとがきになりましたね。

黒　史郎

恐國百物語　伊計 翼
闇から蘇り蠢く恐怖！　次の犠牲者は誰だ！
取扱注意、怪談社の九十九話。永久に呪われる
怨念の実話…恐怖の語り部集団が贈る百物語！

恐怖箱 禍族　加藤 一（編著）
血の呪い、家の祟り。切っても切れない
凶縁怪談！　恐怖箱の人気作家陣が血縁、
家族に纏わる恐い話を競作。夏の戦慄アンソロジー！

怪談実話 終　黒木あるじ
骨の髄から慄く、体験者のいる怪談！
総毛立つ恐怖実話集。大人気、怪談実話シリーズ
最終巻。最後にふさわしい忘れがたい後味！

「忌」怖い話 香典怪談　加藤 一
袋の中身は何なのか？　開ければわかる。
わかるが怖い。なぜなら……。「超」怖い話の
加藤一が贈る、忌まわしすぎる実話怪談！

暗黒百物語 骸　真白圭
恨まれる覚えはないか……。
怪異の息遣いと眼差しが絶望を語る！
容赦のない恐怖の九十九話。真白圭、初の百物語！

「超」怖い話 ひとり　久田樹生
生きるもひとり、死ぬもひとり。誰も代わって
くれない恐怖体験。ガチ怖の鬼、実話に拘る
久田樹生の「超」怖い話単著シリーズ最新刊！

奇々耳草紙 憑き人　我妻俊樹
後ろの正面に恐怖はいる……　シリーズ最高傑作！
目を瞑れば死が見える実話！
歌人が紡ぐ一瞬の恐怖、鮮烈な怪奇談。

# 実話蒐録集 魔黒怪談

2017年10月6日　初版第1刷発行

著者　黒 史郎
デザイン　橋元浩明(sowhat.Inc.)
企画・編集　中西如(Studio DARA)
発行人　後藤明信
発行所　株式会社 竹書房
〒102-0072 東京都千代田区飯田橋2-7-3
電話03(3264)1576(代表)
電話03(3234)6208(編集)
http://www.takeshobo.co.jp
印刷所　中央精版印刷株式会社

定価はカバーに表示しています。
落丁・乱丁本の場合は竹書房までお問い合わせください。



ISBN978-4-8019-1225-0 C0176